内藤莞爾の社会学

九州大学文学部
社会学研究室の窓から

の

社会学

小谷(三浦) 典子

学文社

内藤莞爾先生最終講義（昭和55年1月31日）
九州大学文系箱崎キャンパス　102号室

はじめに

　本書は，内藤莞爾の社会学を，内藤先生の社会学者としての足跡をたどりながら紹介するものである。

　個人的なことではあるが，私は，昭和40年に九州大学文学部に入学し，1年半の教養課程を終え，昭和41年10月に社会学専攻生として専門的に社会学を学びはじめた。

　当時の文学部は，小講座制で組織されており，社会学研究室には，内藤莞爾教授，鈴木広助教授と，教授，助教授を補佐する文部教官として助手が1名配置されていた。

　学部を卒業する間際に，内藤先生から「助手のポストが空くことになった。鈴木君もよいといっているので，助手として大学に残らないか」とお声がけをいただいた。思いもよらないことではあったが，卒業論文をまとめることによって社会学という学問に興味が大きく膨らんでいたこともあり，これをきっかけに，社会学者としての道を歩んでみようと思った。

　助手に就任した直後，九州大学はいわゆる大学紛争の大きな渦に巻き込まれ，この時期に，文学部では助手の任期制が導入された。3年間の任期が終わるころ，このままでは中途半端になると思い，思い切って大学院に進学した。

　今日では想像もできないほど，女性研究者の道は険しく，昭和54年10月に山口大学人文学部に赴任するまでの間，学部生，助手，大学院生，再びの助手として，長きにわたり九州大学文学部社会学研究室に所属することとなった。

　不幸な時代であったかもしれないが，助手のポストを2度も経験することによって，研究室の先生方の研究内容や，研究スタイルに身近に接することができた。その意味で，自分自身の社会学のさまざまな場面において，先生方の影響が大きいことは認めざるをえない。

　しかしながら，私は，内藤先生の末子相続の研究やフランス社会学史の研究

を，直接受け継いできたとは言い難かった。ところが平成29年の秋，社会調査協会の機関誌『社会と調査』の「調査の達人」のコラムに，内藤莞爾を取り上げたいので執筆願えないかとの依頼を受けた。内藤先生に教えを受けた研究室の仲間たちを見渡したところ，自分が引き受けることが最善であろうと引き受けることにした。

　ちょうど親の介護という大きな仕事がいち段落したところでもあったので，この際，調査の達人としての内藤莞爾を紹介するだけではなく，「内藤莞爾の社会学」の全体像をまとめてみようと思い立った次第である。

　そこで，先生が社会学者として歩み始められた時期にまで遡り，その源流を探り，それがどのようにライフワークとなった末子相続の研究にまで到達していったかを中心に，可能なかぎり先生の著作に当たって，内藤莞爾の社会学を解明しようと試みることにした。

　幸い山口大学経済学部には，その前身である山口高等商業学校に，戦前より「東亜経済研究所」が設置されており，先生が研究活動を始められた当時の貴重な文献も収蔵されていることから，昭和18年に発表された，内藤先生の初期の論文「安南村落」もお借りして読むことができた。また山口大学図書館では，所蔵文献の閲覧や貸し出しはもちろんできるが，図書館のネットワークによって，他の研究機関からも論文を取り寄せてもらえるサービスがあり，このサービスを十分に活用させていただいた。さらに晩年，先生は何冊もの著作を私家本として刊行しておられ，それらの著作は，先生のご家族からいただいたり，お貸しいただいたりした。

　このように，先生の研究業績の収集に関しては最大限の努力をしたつもりではあるが，いかようにしても入手困難なものがあり，残念ながら先生の全ての著作に当たることはできなかった。現時点での可能な限りでの「内藤莞爾の社会学」である。

　ところで，山口大学人文学部社会学研究室において，平成14年に，社会学関係の辻正二教授，横田尚俊助教授，高橋征仁助教授と筆者との4人で，大学の

研究と地域社会の課題解決の橋渡しとなる場を作ろうと,「山口地域社会学会」を立ち上げた。

　学会では,定期的に研究例会を開催するとともに,機関誌『やまぐち地域社会研究』を年1回刊行してきた。この機関誌に,平成30年にまず「内藤莞爾の社会学　その1——社会調査への誘い——」を発表し,「内藤莞爾の社会学　その2——村落調査から末子相続研究へ——」「内藤莞爾の社会学　その3——社会学的末子相続の研究——」「内藤莞爾の社会学　その4——総括:内藤社会学に通底する比較宗教社会論——」と書き継いできて,このたび一通りの完結をみることができた。本書は,その全体をまとめたものである。

　本書の刊行に当たっては,『今日の都市社会学』以来,長きにわたり公私ともに情報を交換しあってきた,学文社の田中千津子社長に快くお引き受けいただいた。心より謝意を申し上げたい。

　令和3年　秋

　　　　　　　　　　　　　　　　　　　　　　小谷（三浦）典子

目　次

プロローグ——本書の位置づけ

　本書は，内藤莞爾先生の社会学の足跡をたどりながら，内藤社会学の全体像を紹介するものである[1]が，「社会学の社会学」の研究分野に位置づけられるべきものとの意気込みをもっている。

　社会学史の中で，多様な社会学理論が機能主義の社会学理論に収斂したかのように思われた1960年代以降，社会学に対する自己反省を促す気運が高まった。一般的には，科学的知識と社会とのかかわりを考察する「科学社会学」といわれる研究分野に位置づけられるが，「社会学の社会学」は，その社会学版である。すなわち，社会学的知識と社会とのかかわりを考察する研究分野である。

　個人的なことではあるが，筆者は，昭和40年に九州大学文学部に入学し，昭和54年10月に山口大学に赴任するまでの間，長きにわたり九州大学文学部社会学研究室にかかわり続けてきた。当時の文学部社会学教授であった内藤莞爾の社会学を，「社会学の社会学」という観点から分析するということは，間接的には，自らの社会学の自己点検ということにもなる。

　筆者が社会学研究室に所属していた時期は，内藤先生がちょうど末子相続の調査研究を始められた時期と重なり，先生の「社会学講義」の授業のノートを手元に保存しているが，講義はすべて末子相続にかかわるものであった。後に，『末子相続の研究』（1973年）が出版されるが，授業のプロセスがそのまま本にあらわれていることがよくわかる。

　先生は，調査に先立って作業仮説を立てながら検証していかれるのであるが，その作業仮説は確定的なものではなく，「これはどうか」，「それがだめなら，これはどうか」と，ひとつひとつ前提となる仮説をたて，それを確かめるように調査を進めていかれたように思う。最終的には「末子相続」は，相続制度としてあるのではなく，「不定相続」と考えたほうがよいとの見解にたどり着かれるが，同書を読むと，それまで試行錯誤してこられた様子を思い出してしま

う。

先生は，「社会学講義」の授業を，その時々に最も関心をもって調査している研究成果を披露する場として位置づけられており，学生には最もホットなものを伝達されようとしていたことがうかがわれる。この講義に対する姿勢や情熱は，筆者も受け継がせていただいたつもりである。

また，助手に就任して以降，相続調査のみならず，福岡県の選挙管理委員会からの委託で，投票行動や政治意識に関する調査にも何度も同行したが，現地調査に先立つ役場などでの資料収集の際の，すさまじいまでの厚かましい行動は，いつの間にか自分の調査に向かう時の態度にも受け継がれている。筆者は，山口大学において社会学調査実習を長年担当してきたが，調査に同行した学生から「先生，厚かましいですね」とよく言われたものである。調査時に，なりふり構わず可能な限り資料を収集しておくことは，きわめて重要なことである。

同じく，先生のもとで助手を務められた米村昭二氏も，助手時代の経験として，「元岡村の SSM 調査での役場資料の収集は，小生の研究生活に計り知れない大きなインパクトを与えました」と述べておられ，さらに，「入手したどの資料をどう利用しどこで分析したらよいかが判断でき，聴き取りでは 1 人 2 人に話を聞けば，この村をどうやって調べればよいかわかる程になれたのも，助手時代の経験と先生のご指導の賜物です」[2]と述懐しておられる。

このように，知らないうちに先生から受けた影響は多大であるが，先生の社会学を直接受け継いだとは言い難い。しかしながら，『社会と調査』の「調査の達人」のコラムに「内藤莞爾」[3]を執筆する機会を得た際に，「内藤莞爾の社会学」の全体像をまとめることは，内藤先生に教えを受けたものとして，自分に残された仕事のひとつであろうと思い立ったところである。

先生自身による自らの研究成果の整理は，九州大学を定年退官される時点ではあるが，在職中の16編の論文を選んで刊行された，内藤莞爾教授退官記念事業委員会編，内藤莞爾『社会学論考——実証研究の道標——』に示されている。

『社会学論考』は，(1) 実証研究への道，(2) 社会行動，(3) 政治と大衆説得，

⑷末子相続の研究の4つの部に分けられている。先生は，この4部は，研究領域としての関連も，必然的な軌跡もなく「私の関心の推移を示唆するとみたほうがよい」とされているが，終始，「実証的研究の道を歩んできた」[4]と述べておられる。

先生の研究全体の中では，何といっても⑷の「末子相続の研究」が際立っているが，『社会学論考』の副題にもあるように，末子相続の研究においても，先生は実証研究の必要性を強く意識され，相続における人間行動やその行動に影響を及ぼす外的要因などにも目を向ける必要があることを強調されている。

たしかに，九州大学時代の先生の研究は，理論的な研究よりも実証的な研究に重きが置かれており，社会学演習においては，「理論は残らないが，足で稼いだものは残る」と何度も言われていた。実際に，足で稼がれた「末子相続の研究」は，確かに社会学的な成果として大きく評価されている。

牟田和恵が，わが国における1970年代以降の家族社会学の回顧と展望を論じた特集論文をみると，添付された膨大な文献リスト[5]には，内藤先生の『西南九州の末子相続』（塙書房，1971年）以降刊行された，末子相続に関する著作や論文が10点あげられている。すなわち内藤先生の末子相続の研究は，日本の家族社会学研究において重要な位置を占めていることを示唆している。

九州大学を定年退職されたあと，先生は東京の立正大学に赴任された。この時代の先生の研究は，もっぱら，E. デュルケムや M. モースなどのフランス社会学者の学説研究に移行するが，これらも堪能なフランス語を駆使された先生ならではの研究であることは間違いない。

しかし本書では，内藤先生が，末子相続の研究にみるように，いかにして実証研究の達人となられたかに重点を置き，社会学者として歩まれた時代背景や研究環境をふまえながら，「内藤莞爾の社会学」の全容に迫っていきたいと考えている。

4

注

1）研究者について記載するときは，通常，先生という敬称をつけないのがならわしであるが，パーソナルな先生とのかかわりを説明する部分においては，先生と記させていただく。

2）米村昭二「内藤莞爾先生」追悼文集刊行発起人会『内藤莞爾先生の思い出——追悼文集——』城島印刷，2012年，44-45頁。

3）三浦典子「Column 調査の達人　内藤莞爾——村落調査から末子相続研究へ——」『社会と調査』No. 22，2019年，120頁。

4）内藤莞爾教授退官記念事業委員会編，内藤莞爾『社会学論考——実証研究の道標——』御茶の水書房，1980年，3頁。

5）牟田和恵「特集　家族社会学の回顧と展望——1970年代以降　家族制度・変動論の家族社会学における意味と意義——」『家族社会学研究』No. 10，1998年，131頁。

I　内藤莞爾の社会学の原点と全体概要

1．内藤莞爾先生の人となり

　内藤莞爾先生は，静岡県沼津市原にある臨済宗妙心寺派徳源寺において，大正5年8月4日に生まれた。徳源寺は，「頼朝お手植えの松3代目」とされる，数百年たった松があるような歴史のある寺で，先生は，その跡取りとして生まれたにもかかわらず，寺を継ぐことをやめ，覚悟のうえで，学問の道に入られたという。

内藤先生（昭和48年）

　相続に対する関心の発端は，ここにあるといえる。そして，先生は達磨をたくさん収集しておられ，内藤家は達磨だらけであった。また，ことあるごとに「俺は禅家の生まれである」と言っておられたし，生まれたときから戒名「徳源院眞浄莞爾居士」をもっておられた。

　平成22年9月19日に執り行われた先生の葬儀では，甥である静岡県の東光寺の横山博一住職が読経され，住職は先生を追悼する文集に寄稿もされている。その追悼文「徳源院眞浄莞爾居士」の中で，「莞爾氏の研究は，自殺問題のみならず，生き方，社会秩序（タテ社会）の崩壊の原因に気付く人間考察の示唆を得る貴重な資料です。日本人にとって，相対（個，自由）から脱した絶対（和）の生き方を自覚する鏡ともなる内容でもあります」[1]と述べておられ，仏教関係者の目から見ても先生の宗教的な背景は明瞭である。

　このことは，奇しくも九州大学時代の終りころに，学生たちが作成したプロフィール『社会学研究室群像』の中で，先生自身の口からも述べられている。

　先生自身が書かれた履歴には，「旧制静岡高校，東京大学文学部社会学科，民族研究所，神戸大学を経て現在に至る」とあり，研究分野は，「家族社会学。特に西南日本の末子相続であるが，最近は，韓国・ベトナムまで視野を拡げた壮大な構想に熱中している」とある。

　注目されるのは，学生たちへのメッセージとして「近頃，『コンフリクトの社会学』など，一部の人たちが唱えている。もっともな点もあるが，しかしケンカばかりしていて，共同生活が成り立つわけがない。聖徳太子ではないけれど，やはり『和』に基づかなくては，コンフリクトの効果も上がらないのではなかろうか。私は，社会学は『和』の学問だと思っている。『和』を学ぶ者はそれ自身が『和』を実践しなくてはならない」と言っておられ，先生の社会学に対する基本的な位置づけや，知行合一の精神がみなぎっており，僧門出身の人柄がにじんでいる。

　先生は大変な秀才であったようで，旧制中学を5年ではなく4年で修了して旧制静岡高等学校に入学されたとのことである[2]。その後東京帝国大学に入学されたが，先生自身は法科に進学する希望をもっておられたにもかかわらず，父親の宗底和尚はインド哲学の専攻を主張され，両者の意見が対立した。最終的には，お寺の総代が間に入って，その折衷として「社会学」を専攻するに至ったという[3]。

　先生は，フランス語が堪能であったにもかかわらず，卒業論文として，M.ウェーバーの『プロテスタンティズムの倫理と資本主義の精神』を手がかりに，日本における近代化にかかわった仏教の浄土真宗の経済倫理をテーマにされたことは，寺を継がなかったせめてもの罪滅ぼしであったとも考えられる。

　九州大学を退官する際の最終講義において，先生は「末子相続事始」と題して，イギリスの民俗学者フレーザーが，旧約聖書の中に末子相続の資料を集めるきっかけを見出したとして，『創世記』の第25章の，ヤコブの物語について詳細に述べられた[4]。このことも，宗教と社会のかかわりに対する関心が，先生の研究の底流に常にあったことを示されたかったのではなかろうか。

2．卒業論文「宗教と経済倫理――浄土真宗と近江商人――」

　卒業論文「宗教と経済倫理――浄土真宗と近江商人――」[5]は，日本社会学会編の年報『社会学』第8輯に収録されるほどの優れた論文であったといえる。M. ウェーバーの『プロテスタンティズムの倫理と資本主義の精神』におけるプロテスタントの経済倫理と，浄土真宗の経済倫理との類比という問題関心は，それだけでも大きな注目を集めたが，論文中で考察に使用された仏教関係の資料の多さは驚くほどのものである。この仏教関係の資料に対する親近感は，先生ならではのものであろう。

　この論文がいかに衝撃的なものであったのかは，アメリカの宗教社会学者R. N. ベラーが，『徳川時代の宗教』のなかで，内藤先生の論文を取り上げていることでも示される。『徳川時代の宗教』の日本語訳（第3章は抄訳）は，堀一郎・池田昭により『日本近代化と宗教倫理――日本近世宗教論――』（未來社，1966年）として刊行された。ベラーの徳川時代の宗教における最も大きな関心は，石田梅岩の心学にあったが，ベラーはそれに先立つ第5章「宗教と経済」において，商人階級の経済倫理の一般的な概要を述べる際に，「内藤莞爾が綿密に研究した主題，浄土真宗が一部の商人階級，すなわち近江商人に及ぼした影響を論ずる」[6]と述べており，この部分は内藤論文に全面的に依拠している。

　ベラーの他にも，昭和39年に，「マックス・ヴェーバー生誕百年記念シンポジウム」で，丸山真男が内藤論文を取り上げたり，論文の一部が社会学のテキストに用いられるなど注目されたことから，先生は私家本として卒業論文を改訂して刊行され，それが『日本の宗教と社会』（御茶の水書房，1978年）の第1章として収録されている。

　「宗教と経済倫理――浄土真宗と近江商人――」は，何といっても内藤社会学の出発点であり，先生の社会学によせる問題意識が集約されていると考えられるので，少し丁寧に紹介していきたい。

　卒業論文の問題意識は，M. ウェーバーの『プロテスタンティズムの倫理と

資本主義の精神』にみられる宗教と経済との関係は，キリスト教文化だけのことであろうか，仏教の場合はどうであろうか，というものであって，浄土真宗の教義と近江商人の職業倫理とのつながりを文化社会学的に問題にしようとするものである。

また，日本における宗教と経済との関係を説明する既存の研究は，2，3にとどまらないが，その多くは，仏教が輸入され，その成長がどのように物質文明の興隆に役割を果たしたかに目を向けており，宗教の教義と人びとの生活構造（Lebensführung）との関係をみる視点の研究はない。そこで，江戸時代の中期以降から明治初年までの，浄土真宗と近江商人との結びつきを採り上げたことが，「はじめに——問題のいとぐち——」で述べられている[7]。

まず，近江の国（滋賀県）の寺院の分布を「寺院統計」からみると，檀家の数に比べて寺院数が多く，そのうち浄土真宗の寺院が過半数を占めている。しかもその分布は，琵琶湖の東部と北東部，いわゆる湖東地域を中心としている。この湖東地域と浄土真宗との関係は，蓮如が近江で寺院を建立したり，布教活動をおこなったこととも関係している。そしてこの地域は，近江商人の出身地域でもある。

湖東地域は，日野，八幡，南・北五箇荘の3地区に区分され，商人が出現した歴史や，商いをする品物，行商に出かけていく地域など，それぞれ特徴があるが，商人の出身地は付近の農村部にまたがっている。近江商人は，まず，行商から身をおこし，やがて，各地で店をもつようになるが，行商当時の勤倹力行という生活態度は共通している。

そして自由市場が形成される江戸中期以降，京，大阪，江戸などで大商店をもつまでに発展し，その富は天下に知られるようになるが，富を蓄積しても，決して他の地に移動せず，本宅は必ず近江の故郷に置き，主人や家族はここに住み続けた。それゆえに，この地域は近江商人の根拠地であったといえる[8]。

次いで，近江商人の生活態度が考察されるが，その際に内藤は，商人の日記，伝記，家訓や家憲，店員の心得などを資料として参照していく。

　たとえば，浄土真宗の篤信者として知られる商人松井久右衛門（遊見）の伝記には，

　　……屋号を星久といひ，商標 ⚹ を用ふ。其中央の斜線は天秤棒に形どり，上下の両点は星に形どる。蓋し其意，天秤棒を肩にし，朝に星を戴きて出で，夕は星を踏みて帰り，勤勉・忍耐，業に服すといふに在りとぞ。……身を奉ずる極めて節倹にして，衣服は手織木綿の外，身に着けげず……

　　　　　　　　　　　　　　　　　　　（『近江商人』松井遊見の事）

とある。これをみると，近江商人の人間像として，①まじめで誠実な人間であったこと，②「商売一途」に生き，その意味では，職業の遂行に使命感のようなものがあったこと，③消費の方面で，きわめて節約を励行したこと，が浮かび上がる[9]。

　さらに，五箇荘某店条目（『近江神崎郡誌稿』）から，

　　売買は名聞にあらず。自他の利潤を考へ，仮初にも不実なき様，正銘に丹誠致すべし。譬へば売先・買先は父母のごとく相心得可ㇾ申事[10]

を引いて，近江商人の経営方針に自利・利他の倫理があることを導き出している。

　さらに，近江商人には，仏教信者，特に浄土真宗の篤信者が多く，彼らの社会事業への寄付や寺院の建立などの慈善的行為が目立つ。その背景には信仰があるのではないかと，「浄土真宗の教義」と「門徒の生活」との関係に入っていく。

　真宗の教理としてあげられるのは，まず，救済（往生）は信心だけによって得られることである。といっても往生は，浮世を離れての念仏三昧だけがその道ではなく，世事に従いながらもこれができる。しかし，往生が目的なので，

信仰は現世の利益のために求めてはならない。「信仰のみ」の態度が強調される。第2は，「正定聚」で，浄土往生は，一途に弥陀を信ずれば，生前においてもなされることである。

プロテスタントは恩寵予定説で，神に救われるか救われないかは信者にはわからず不安であるが，真宗では，「弥陀一物に帰依すれば，かならず救われる。しかもこれが生前に確定する[11]」という違いがある。

こうして真宗の教義が現世の過ごし方を方向づけていることをみたうえで，職業生活の宗教的意味づけの考察に移る。信者側の意識過程は，第1は，人間無価値という「自卑」である。第2は，こうした無価値のものさえ，往生させる，という弥陀への「感謝」である。そして第3は，ただ感謝だけでなく，この弥陀のご恩に報いようとする「報恩」である[12]。信仰の境地からすれば，世俗の行為は，すべて報恩の行ということになる。その報恩の行為として職業が上がってくる。

このことを，内藤は商人が親しんでいる説教本を用いて，生活の中への宗教の浸透を明らかにしている。たとえば，弘化4（1847）年の『当流茶呑噺』から，

> かへすがへすも常々に
> 冥加をおもひ機嫌よく
> 二時の勤行おこたらず
> 家業大事とはたらひて
> 無益のおごりたしなみて
> 勝負事をばいたすなよ
> 大取するより小取して
> かせぐに追付く貧乏なし
> 信の上から身をかるく
> 仏の恩をたかくして
> 箸よりおつるしづくまで

おしいただきてのみたまへ

また引き続き，『真宗相続歓喜嘆』の１節

誠御恩が御恩と知らば
命限りは働きませうぞ
無理にせいとの御意ではないと
勝手任せに捨置くなれば
それが不信のもとひで御座る
仏祖大悲は見通しなれば
出来る限りは仏恩報謝
勇みましようぞへ
いのちのうちは[13)]

を引いて，職業に努めることが最大のものとして勧められている。
　さらに，真宗の教義は，まじめな職業生活を勧めるとともに，不正と貪欲を
強く戒めている。『日用心法鈔』には，七五調で，

私欲にふけり，うそついて
人のまなこを，かすむなよ
吝嗇ならぬ，節約し
堪忍すれば，ことたりぬ
足るにまかせて，事足らず
たりて事たる，身は安し[14)]

と諭している。こうして消費面の節約は，財貨を生むことになる。
　論文の概要は，およそ以上のとおりである。

「社会学的帰結」として，内藤は以下のように述べている。真宗の分布と近江商人の輩出地との関係はほぼ確かめられた。真宗の倫理と商人の態度の内容についても，かなりの類似点を認めることができた。注目されるのは，「自他の利益」であるが，「自利利他円満」は大乗仏教の根本的な要諦である[15]。近江商人の「自利利他」の理想は，商業の役割の自覚と無関係とは思えない。

職業に対する観念は，天職，職分，営利の3つに大別でき，プロテスタントの職業倫理では，天職と利益との強調がみられるが，真宗の倫理は，営利の勧めは展開せず，天職と職分が高く説かれることとなった。

そして最後に，本派本願寺の宗制

「本宗の行者は報恩の心を以て職務を勉励し，躬行実践，自他を雙益す。」
（第10章）

を掲げて，結びとしている。

内藤は卒業論文作成において，近江の地に直接赴いて調査をしてはいないが，一番よく使ったデータは説教本の類で，龍谷大学の図書館に何日も通って資料を収集したという[16]。「宗教と経済倫理——浄土真宗と近江商人——」に，龍谷大学写本と明記されているものは，『御教戒』，『浄土真宗護国論』（安永2(1773)年），『信慧院殿法語願生浄土義』（寛政年間）である[17]。

3．職業生活のスタートと内藤莞爾の研究概要

先生は，卒業論文を提出して大学を卒業し，茨城県女子師範学校・茨城県立水戸第二高等女学校の教諭に就任し，「公民」を週1時間，「英語」を週2時間教えられた。当時高等女学校の女学生だった高原蔦子さんは，東京帝国大学卒のぴんぴんした若い男性教師が，いかにみんなのあこがれの的だったかを，追悼文集に寄せておられる。先生は女学校では陸上競技部の部長を務められ，先生の指導があってか，陸上の第二高女と言われるまでになったとのことである。先生自身はハイジャンプとハードルが専門で，追悼文集には，若い日のハイジャンプの姿の先生の写真も寄せておられる[18]。先生とともに過ごした若き

日の思い出もほほえましいものである。

　ところが昭和18年に，先生は突如，女学生の前から姿を消されたという。昭和18年８月に，文部省直轄の民族研究所の助手に就任されたからである。ここから先生の本格的な研究者としての経歴が始まる。

　その後のおよそ60年に及ぶ内藤莞爾の研究状況を，大まかに整理したものが表Ⅰ-1「内藤莞爾の研究概要」である。正確な調査の日時などがわからないものもあるので，年次は仮置きのものである。将来的にはもう少し正確なものに修正することもできるが，とりあえず内藤の研究の問題関心や，その推移の全体像を把握することができる。

　学生時代から始まる宗教や民族分野の研究は，研究生活の初期に集中している。特に，民族研究所時代に，牧野巽に同行して海南島の海外調査をおこなったことを契機に，社会調査への関心が強くなり，社会調査の方法に関する研究論文が神戸大学時代に目立つ。それらの論文は，それまでに蓄積された社会調査に関する文献の解題や，社会調査の方法に関する文献研究である。また同じように文献研究であるが，社会学史に関する研究成果が九州大学への着任時に集中している。

　九州大学に着任して以降，実証的な村落調査に基づいた研究は本格化するが，それ以前に，「漁村」における調査が静岡県の２つの地域でおこなわれている。昭和26年の「漁村の労働関係とその社会的基礎」（『哲学年報』第11輯），昭和27年の「年齢階級——特に漁村の若者組——」（『社会学評論』２巻４号）は，それらの漁村調査のデータをもとに，九州大学時代に執筆されている。

　「農村」地域の調査は，昭和28年からはじまる農村SSM調査以降おこなわれ，農村研究と並行するように，末子相続の調査研究が開始されている。末子相続への本格的な調査は，昭和40年代に始まり，科学研究費による総合研究によって調査研究に拍車がかかっていった。

　村落や地域研究，フランス社会学に関する研究も並行しておこなわれてはいるが，九州大学時代は，特に末子相続の調査研究に集中され，数々の著作がま

とめられている。

先生は，九州大学を定年退職する直前に大きな病気をされたこともあり，立正大学に移られて以降は，フィールド研究に基づいた新たな論文は書かれていないようである。

しかし，民族研究所時代のピエール・グルーの「トンキンデルタの農民」の前半部分の翻訳『仏印の村落と農民　上巻』[19]の刊行以降，得意なフランス語を活かした研究は継続しておこなわれており，立正大学時代には，フランス社会学やデュルケムに関する研究書を相次いで出版されている。

立正大学退職後，福岡に戻って来られ，久留米大学において大学院生の指導をされるようになるが，家族研究や末子相続研究について，おそらくこれまで言い残したことや，まとめておきたいことを，私家本として相次いで刊行しておられる。

以上が，内藤莞爾の研究概要である。この概要を手がかりに，以下，内藤社会学について考察していきたい。

表 I - 1　内藤莞爾の研究概要

年　次	分　　　野				
	宗教と民族	理論と調査	村落研究	家族と相続	フランス社会学
昭和15	宗教と経済倫理				
	民族研究所	昭和18年8月〜			
昭和18 19 20	安南村落 海南島調査 猺民の村落生活 ピエール・グルー				
	文部事務官	昭和22年8月〜		神戸大学　昭和24年8月〜	
昭和24		社会調査文献解説 社会調査の方法	静岡漁村調査		
	九州大学	昭和25年10月〜			
昭和25 26 27	中国家族の世代について	社会成層の研究	漁村の労働関係 漁村の若者組		フランス社会学・

昭和					
		社会学史			ジャン・メゾンヌーヴ翻訳
28		社会学方法史	山口県大内近郊農村		
農村 SSM 調査	昭和28〜				
昭和28		ウェーバー翻訳	糸島郡元岡・桑原		
29			近郊農民の一面 天草村落		
30		社会調査・レファレンス・グループ	社会学における村落研究		
31		日本社会学における理論と実証	奄美（30〜33年）		ギュルヴィッチ シャルル・プロヴォ翻訳
32		社会学史概論			
33		社会成層と要求水準			
九学会連合調査	（奄美）	昭和30〜33年			
昭和34			奄美，喜界島		レヴィ＝ブリュール
35			農村社会成層Ⅰ		
36			農村社会成層Ⅱ		
九州大学学術調査	（甑島）	昭和36年			
昭和37			筑豊離職者調査		
38	汝南賓興-海南島				
40			農民意識の実態	田平町・平戸口	
			離島村落の社会人類学	天草新和町大多尾	
42	華南宗族の婚域			佐世保市黒島	
				九十九島	
				諫早市有喜町	
42				近世初期長崎の家族動態	
				長崎黒島	
43				西九州農村・鹿児島	
44				中通，青砂が浦，新魚目	
45				五島カトリックの家族分封	
46			甑島再調査	『西南九州の末子相続』	カイヨワ翻訳
科研総合研究	昭和47・48年				
昭和47				カトリック漁民	エルツ／モース翻訳
48	比較民族学的ノート		筑前旧村割記	五島若松・奈留，久賀，福江	
				外海町，黒崎郷，福江市	
				『末子相続の研究』	
49				上五島キリシタン	
50				天草漁家の家族周期	
				島原半島の末子相続	

年	著書	翻訳		論文	翻訳
51				国見町，天草漁村，二江 書評に答えて いわゆる西南型家族について	
52				五島キリシタン故地	
53	『日本の宗教と社会』	マードック翻訳		若松島	
54				奈留島 『五島列島のキリスト教系家族』	
55				『社会学論考』	エルツ翻訳
立正大学	昭和55年4月～昭和62年3月				
昭和60 63					フランス社会学断章 フランス社会学史研究
久留米大学大学院					
平成5 6					デュルケムの社会学 デュルケムの近代家族論
7				鹿児島農家の家族構成 検証・戸田貞三氏の家族構成	
9 11				末子相続研究前史 いわゆる末子相続論争について 鹿児島の高齢者農家	

＊本表は内藤社会学の全容を示すためのラフなもので，研究業績の詳細については，内藤莞爾の主な研究業績（本書100-105頁）を参照のこと。

注

1）横山博一「徳源院眞浄莞爾居士」追悼文集刊行発起人会『内藤莞爾先生の思い出──追悼文集──』城島印刷，2012年，179頁。

2）沼義昭「内藤莞爾先生の古稀を祝い併せて謝辞を陳ぶ」『立正大学文学部論叢』85号，1987年，14頁。

3）横山，前掲論文，176頁。

4）内藤莞爾『社会学論考──実証研究の道標──』御茶の水書房，1980年，374-376頁。

5）内藤莞爾「宗教と経済倫理──浄土真宗と近江商人──」『年報　社会学』第8輯，1941年，243-286頁。

6）R. N. ベラー，堀一郎・池田昭訳『日本近代化と宗教倫理──日本近世宗教論──』未来社，1966年，176頁。

7）内藤莞爾「宗教と経済倫理──浄土真宗と近江商人──」『日本の宗教と社

　　会』御茶の水書房，1978年，7頁。

8）同上書，18頁。

9）同上書，21頁。

10）同上書，23頁。

11）同上書，36頁。

12）同上書，48頁。

13）同上書，51-52頁。

14）同上書，62頁。

15）同上書，67頁。

16）窪田和美「九州大学名誉教授　故内藤莞爾先生講演録『近江商人と浄土真宗
　　──比較社会学的試論──』をめぐって」『龍谷大学論集』第485号，2015年，
　　124頁。

17）内藤，前掲書，1978年。それぞれ，『御教戒』36頁，『浄土真宗護国論』49頁，
　　『信慧院殿法語願生浄土義』50頁。

18）茨城県立水戸第二高等女学校卒業生　高原蔦子「先生と70年間の思い出」追悼
　　文集刊行発起人会，前掲書，18-24頁。

19）ピエール・グルー，内藤莞爾訳『仏印の村落と農民　上巻』（東亜研究叢書
　　第22巻）生活社，1945年。

　　本翻訳は，満鉄調査局が所蔵していた書籍を，グルーに無許可で出版されたよ
　うである。のちにグルーが憤慨していたらしいが，後述するように，戦時下の急
　を要する海外文献の翻訳が，すべて正規の手続きを踏んでおこなわれたかどうか
　は疑わしいところである。

　　しかし，内藤のこの翻訳書を読んだ野間晴雄は，「翻訳自体は生硬な文章なが
　ら，訳は概ね正確で，考証・ベトナム語の漢字表記，訳注，写真・図の説明など
　もほとんど省略されずに掲載されており，戦時中に陸続と出版された東南アジア
　関係の翻訳書のなかでは良心的かつ秀逸である」と，内藤の翻訳力を評価してい
　る（野間晴雄「P. グルーのみたベトナム農村空間と『米の力』──『トンキン
　デルタの農民』再検──」『関西大學文學論集』第52巻第3号，2003年，168頁）。

　　ちなみに，グルーの『トンキン・デルタの農民──人文地理学的研究──』は，
　2014年に丸善プラネットより，村野勉によって全訳出版されている。

社会調査への誘い

1．民族研究所における研究と海南島調査

内藤は，第 2 次世界大戦中の昭和18年 8 月に，東京帝国大学教授牧野巽の助手として，民族研究所に所属する。民族研究所は，昭和17年に大東亜建設審議会の答申を受けて，文部省が直轄の研究所として開設することを決定し，昭和18年に設置されたものである。中生勝美は，日本の民族学・人類学の歴史の中で，この研究所について言及することが避けられているのは，大東亜共栄圏の民族政策に関与するために設置されたという批判的な見方がなされているからではないかという[1]。さらに，注で，日本の民族

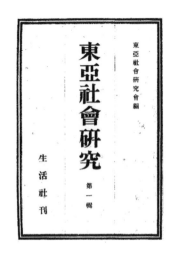

学史の中で，研究所については簡単にしか触れられておらず，その一例として，「牧野巽の人と学問をまとめた内藤莞爾（1916-2010）は，民族研究所が『軍事色』は皆無であった」と述べているとしている[2]。

ところが内藤は，「人と学問　牧野巽」の中で，「民族研究所は大東亜共栄圏構想とタイアップした施設であった」とはっきりと述べている。さらに，民族研究所は，高田保馬を所長に，所員には牧野の他，岡正雄，古野清人，小山栄三，杉浦健一，江上波夫，八幡一郎，岩村忍など，戦後の学界を担った逸材を数えていたと評価している。「私事にわたるが，私は牧野の助手となって，のちまでの契りが結ばれる」[3]と，牧野の影響の大きさを示している。

　また，牧野の研究業績を紹介する中で，内藤は「牧野は海軍嘱託として海南島に出張し，漢族島民の慣習法の調査をおこなうとともに，同族村落も訪れて，宗族結合の実態を探っている」と述べ[4]，牧野の民族研究所における分担地域は，華南から東南アジアで，戦後，堰を切ったように，民族研究所時代の業績が発表されたとしている。

　牧野の業績はともかく，内藤のこの時代の研究業績のひとつは，東亜社会研究会編の『東亜社会研究』第1輯に収録された「安南村落」[5]である。東亜社会研究会は，戸田貞三，和田清，西岡虎之助，有賀喜左衛門を世話役として，大東亜共栄圏の傘下に協力する諸民族の相互理解のために，研究成果をあげる目的で組織されたもののようであるが，第1輯を刊行したところで終わっている。

　東亜社会研究会について，内藤は晩年，昭和10年，文部省の学術振興会から研究費の交付を受けてスタートした，東京帝国大学文学部調査室に拠点を置く「分家慣行調査」のための組織が転身したのではないかと推測している。その組織の代表が戸田貞三で，有賀喜左衛門，鈴木栄太郎等が参加し，全国各地50村の調査がおこなわれたようである。調査と並行して『家族と村落』の刊行がはじまり，昭和17年発行の第2輯の序文には，「東亜民族」「共栄圏」「国策」の文字が見える。『家族と村落』はこの第2輯をもって幕を閉じたという。

　ところが，同じ年の暮れに「東亜社会研究会」が発足し，第1回研究会が前述の調査室で開催され，有賀喜左衛門が「日本に於ける家の類型について」研究発表をおこない，翌年に『東亜社会研究』が刊行されている。内藤はそれが，転身の状況証拠ではないかという[6]。

　ちなみに『東亜社会研究』第1輯には，内藤の「安南村落——その結合性格と村落社会集団——」とともに，有賀喜左衛門「日本上代の家と村落」，西岡虎之助「中世後期農村の経済的相貌及び其変遷」，鈴木栄太郎「朝鮮の村落」が収録されている。

　ところで内藤の「安南村落」は，ベトナムにおけるフィールド調査に基づい

たものではなく，ピエール・グルーの「トンキンデルタの農民」（1936年）を
中心に，ロブクァン，デュムーティエなどの論文をサーベイして執筆されたも
のである。村の公有地，村の戸籍簿のようなものに記載された住民名簿，自治
組織，農村共同体としての村など，興味深い点も多いが，ここでは，この論文
がどのように執筆されたかを示すにとどめたい。

　論文末に「資料を貸与された牧野巽先生，山口一郎兄，民族研究所などには
深甚なる謝意を表する」と謝意が述べられ，この論文が民族研究所時代の成果
であるとともに，調査旅行の出発前に急いで執筆したことも付記されている。

　なお，グルーの著作は，昭和20年に，一部が内藤によって翻訳され，『仏印
の村落と農民　上巻』が東亜研究叢書第22巻として刊行されている。東亜研究
叢書は，満鉄調査部によって計画され，満鉄調査部の委嘱を受けて刊行された
もので，「東亜特に支那に関する学術的な調査研究が，東亜に於ける新秩序建
設の為めの欠くべからざる要件なるに鑑み，……調査研究の発展の為に必要な
る資料中，殊に欧米人の東亜に関する研究（中国学者のそれを含めて）を翻訳刊
行せんとするもの」[7]とあり，国策を確実なものとするための学術的研究が余
儀なくされたことがわかる。

　民族研究所も，時代背景を考えると，学術的研究と政治的な国策との距離は
きわめて近かったことは確かである。

　また，内藤の，東アジアの少数民族に関する「猺民の村落生活」も，戦時中
に執筆されている。本論も，R. F. フォーチュンの論文に依拠して書かれたも
ので，江南から安南，ラオスにまで広がっている少数民族「猺族」のうち，広
東に住む猺族の，村を中心とした共同生活が述べられている。そして村落生活
は，①家族・宗族という基礎集団と，②それの織りなす社会関係の網，③外
社会との関係から構成されているとしている[8]。

　家族は最小の社会的経済的単位であるが，村の公共生活に関係をもってくる
のは宗族である。村は，宗族のような社会集団とは別の生活面をもっていると
して，村を統治する猺長（村長），猺練（村会議員）と頭目公という伝統的な3

つの階級によって治められているという。そして祭りが村の特徴をなしているが，経済的には独立性は弱く，外社会との商品の取引がおこなわれていることなどが述べられている。

これらの論文は，いずれもフィールド調査に基づいて書かれたものではない。内藤は，昭和18年の夏，牧野と共に海南島に調査に出かけているが，「汝南賓興について──海南島一宗族の学田規約──」は，海南島における漢民族の慣行調査によって得た資料と，現地で刊行されていた『海南叢書』に収録されている「学田規約」とに依拠して執筆されたものである[9]。

後に執筆された「華南宗族の婚域について」も，海南島調査によって得られた資料に基づいて書かれたものである。この論文には，調査地であった「貝山村」の様子が「海南島の首都海口市から直線距離にして南へ約10邦里，瓊山県としては，南端に位置している。瓊崖（海南島）最大の南渡江がその南を流れていて，都市との接近という点からすると，この河を距てた定安県城のほうがはるかに近い。まったく水田のなかに浮んだ集落といってよい村で，前面は環竜塘という堀をめぐらし，背面は石垣をたたんでいる。石垣には，械闘（他村との闘争）や匪賊の来襲に備えてか，銃眼をそなえているのも，印象的であった」[10]と描かれており，村民から村の概況をたずねたことも記されている。しかし，分析には収集した「族譜」が用いられている。

「中国家族の世代について」も，数値化した実証的な研究が必要であるとしながらも，分析には范氏の「族譜」が使われている[11]。

内藤自身，民族研究所に勤めて，牧野巽の助手になって，「門前の小僧で，中国の家族とりわけ宗族に関する古典の読み方などを勉強した」[12]と述べており，海外における現地調査は，言葉の問題もあり，資料収集が中心となるが，族譜の分析などから，婚姻関係の地域の広がりや世代の継承に関心を強め，その後の研究範囲を明確にしたことは確実である。さらにこれらの民族研究所時代の体験は，文献研究のみでなく，現地調査による資料収集の必要性と面白さをもたらしたといえる。

2．文部事務官時代

　民族研究所は昭和20年に閉鎖され，昭和22年に内藤は文部事務官に就任する。
この時代にどのような仕事をしたかは定かでないが，昭和24年，「社会調査」
という興味深い論文を書いている。これは，社会調査に関する文献解題である。
文献は，社会構造や社会過程，社会関係を明らかにしようとするものに限り，
わが国の社会を対象とした調査に限定し，そのうえで，社会学関係の文献目録
をもとに，「統計と人口」「人口」「家族と同族」「村落」「都市」「企業と組合」
の領域に分けて，社会調査に基づいた文献が領域ごとに紹介されている。

　それぞれの分野の幅広い文献が渉猟されているが，特に，「家族と同族」お
よび「村落」の文献が圧倒的に多い。家族制度に関する調査として，分家慣行，
末子相続，隠居に関するものも紹介され，これらの文献解題は，後の末子相続
に関する実証研究の出発点となっていることは明らかである。

　むすびとして，それまでの調査を回顧したうえでの問題点として，ひとつに
は，古い型の社会現象に興味が惹かれすぎていることと，ふたつには，従来の
調査が構造分析に偏っていて，動態的把握に欠ける点を指摘し，アメリカの農
村社会学にみるように長期の計画的調査の必要性と，新しいアメリカ的方法を
いかに日本的なものにするかが課題であると指摘している。内外の研究の動向
を踏まえて，将来的な方向性を示している。

　そして最後に，「社会科の輸入と共に小中学校においても『地域社会の分
析』Community Analysis が全国的におこなわれようとしている。われわれは
その結果を期待するものであるが，しかし Community Analysis は直接，間接
に Curriculum の構成と関係しており，この点でもわれわれは一流盛行を極め
た Heimatkunde（郷土誌）との差異に留意すべきであろう」[13]と締めくくって
おり，このことから本論は，学校教育にかかわった文部事務官時代の執筆であ
ると思われる。

　その他，文献そのものが入手できないので，内容を確認することができない

が、「教材研究」や「文部省教科書局教材研究課」の出版した本に，社会調査や地域社会の分析的調査，地域社会調査の方法等を執筆しており，この時代，社会調査というものへの関心が強くなったことが推測される。

3. 九州大学時代

⑴　九州大学への赴任と社会調査法

　昭和25年に，内藤は神戸大学から九州大学文学部へ移り，喜多野清一教授のもとで助教授となった。山本陽三助手による西部社会学会『研究通信』に掲載された「九州大学社会学研究室」の紹介によると[14]，九州大学では，昭和23年より，社会学研究室で「社会学集談会」という，研究活動がおこなわれていた。喜多野教授を中心に文部省試験研究費による「町村合併に関する社会学的実態調査」が福岡県浮羽郡浮羽町でおこなわれており，喜多野教授，内藤助教授，山本助手や，その他の研究生あげて研究報告をしている。当時の講座制のもとでの調査研究のスタイルがうかがわれる。

　ややさかのぼるが，この西部社会学会編『研究通信』は，ガリ版刷りではあるが，喜多野清一によって昭和29年より発行されるようになり[15]，その第1号に，内藤は「調査法概説書数種」として，海外の社会調査法の概説書を紹介している。

　『研究通信』第1号は手元にあるが，入手困難な文献となっているため，それほど長文の論文ではないので，以下に，全文を記載しておきたい。

調査法概説書数種[16]

内藤莞爾（九州大学）

　調査法は，具体的に調査の内容に関連させて説明されなければはなはだ説得力がうすい。ただ初学者に技術の大要を理解させる意味で，この種の概説書の存在

も無意味であるとはいえない。われわれが学生時代に馴染んだのは，S. F. Chapin, Fieldwork and Social Research, 1920, G. A, Lundberg, Social Research, 1929, P. V. Young, Scientific Social Surveys and Research, 1939等であった。このうち，チェーピンのものは，Experimental Design of Sociological Research, 1947として発展し，ランドバーグは1942年に改訂版を出し，ヤングのは，1949年に全面的な改訂が加えられている。調査法書は外国でも売行きが良いと見えて，その後も数種のものが刊行されている。以下それについて見たい。

　D. C. Jones, Social Surveys, 刊行年の記載がないが，49年か50年のものと思う。英国式 Social Survey の方法を歴史的に要約している。M. Abrams, Social Action and Social Surveys, 1953もこれとあわせ見るべきである。なお，J. Madge, The Tools of Social Science, 1953も，同じく英人の手になったものとして推賞に値する。ただし，これは狭義の Social Survey を中心としたものでなく，ひろく社会調査法を扱っている。特に「資料」と「面接」とに詳しい。

　フランスでは，この種の概説書を見ないようであるが，A. Cuvillier, Manuel de Sociologie, 1950には，L'inuestigation Sociale として１章が設けられている。しかし，平板の域を出ない。ドイツでは，René König, Herausgegeben von Praktische Sozialforshung—Das Interview—, 1952が，この国の学風を出るものとして注目される。もっともドイツ人はケーニッヒが前座的な前置きをいっているだけで，他はコロンビア派の翻訳である。紹介程度に見るべきであろう。

　アメリカ本としては，1950年に，W. Gee, Social Science Research Methods が出ているが，これは題名負けした糊と鋏の書物である。M. Jahoda and others ed., Research Methods in Social Relations, 2vol., 1951は，特に「偏見」の調査法に向けられているが，質的には高度のものである。社会心理の部門では，Berelson and Janowitz ed., Reader in Public Opinion and Communication, 1953の増補部分も参考になる。W. J. Goode and P. K. Hatt, Methods in Social Research, 1952は，ジュニヤー向きのテキストとして刊行された由であるが，新傾向を知るために無視しえない。一貫した主張は，可及的数理方式の適用にあるといえる。R. L. Ackoff, The Design of Social Research, 1953もこの傾向の具体化にある。

　なお今秋 R. F. Lazarsfeld ed., Language of Social Research という調査法のリーディングスが出たとのことであるが，まだ入手していない。

　これら概説書のバター臭さをどうとるか，これもわれわれの仕事の一つかも知れない。

　この海外における調査法の紹介をみると，内藤が，九州大学着任後，海外の文献をできるだけ早く取り寄せ，読みこなし，学生たちに教えようとしていた姿を知ることができるとともに，当時の社会学界の状況が，ジンメルなどによる形式社会学がある程度の信頼を得て，文化社会学への転換点を迎える時代であり，海外の社会学の状況を持ち込んで，日本の社会学を確立する意欲に燃えていたことがわかる。

⑵　SSM 調査　村落編

　地域社会における本格的な調査は，日本社会学会の提唱によっておこなわれた農村 SSM 調査である。

　SSM 調査といえば，第 2 次世界大戦後設立された国際社会学会（International Sociological Association）の，階層と移動に関する国際比較調査の呼びかけに応じて，日本社会学会によって実施された調査が有名で，まず，1952年に 6 大都市を対象に「社会階層と社会移動（Social Stratification and Mobility）」調査がおこなわれ，1955年以降は10年ごとに全国調査として実施されて，現在まで継続されている。

　しかしながら，農村においても同時に，階層と移動調査がおこなわれたことはあまり知られていない。「日本社会学会は，昭和28年度の文部省総合研究費にもとづく共同研究として，農村成層および移動（農村 SSM）の研究を計画した。この研究は，国際社会学会の課題に応ずるもののひとつでもあったが，このために研究委員会が組織され，そこでの討議によって，対象村は，九州に求めることになった。地元の関係で，われわれは，候補地の選定に当たったのであるが，最終的に決定したのが，桑原区の隣ムラ，糸島郡元岡村元岡区であった。もっともはじめの予定では，元岡区と桑原区の双方を取り上げるはずで，したがってこの 2 区にわたって多少の資料が蒐集されたが，その後の諸般の事情から，調査は元岡区だけに限定された」。「この元岡区の調査は，翌29年 1 月から 8 月にかけて，いちおうの資料蒐集と整理とは終わった」[17]とある。

　その後，内藤は，農林省農林経済局から委託調査を命ぜられたとき，元岡村桑原区を調査対象地として，農村社会成層の研究をおこなっている。桑原区は，農村 SSM 調査の際に，ある程度資料収集もできていたにもかかわらず，取り上げることができなかったからである。

　奇しくも，元岡区も桑原区も，現在は九州大学が郊外に統合移転した場所である。この地区が移転の予定地として決まった折に，内藤先生は「皆は知らんだろうが，SSM 調査には農村地域の調査もあって，あそこは，その対象地だったのだ」と懐かしそうに言っておられた。

　農村 SSM の実際の調査は，夏休みなどの休暇を利用して，何回となくおこなわれ，研究室の学生たちが協力したという。「経営階層の社会学的分析　Ⅰ」（1960年）の最後には，元岡村当局，及び村民各位，中村伊右衛門氏と上島仁州（東泉寺住職）に対する謝意とともに，藤野隆一（熊本商科大学），米村昭二（国際基督教大学），山本陽三（山口大学），鮫島正一（ラジオ南日本），津留速水（原子力研究所）らに対して，論文執筆当時の所属を明記するとともに，調査協力への謝意が述べられている。

　その当時の調査で入手した，明治時代の戸籍簿資料はきちんと保管されており，冨吉素子は，内藤先生よりその資料を借りて，その後の村の家族の変化を分析して博士論文を完成させている[18]。おそらく内藤先生にとっては，最も思い出深い調査資料のひとつだったのではなかろうか。

　大がかりなフィールド調査は，それぞれの調査が実施される時に，社会学研究室に所属していた助手，大学院生，学生をあげて参加したものである。卒業生たちの思い出の大半は，先生と苦楽を共にした調査でもある。後に，山口大学の教授となった，農村社会学者山本陽三の原点はここにあるといっても言いすぎではなかろう。

(3)　山口大学における社会調査実習

　農村 SSM 調査のおこなわれている昭和28年 2 月に，内藤は山口大学文理学

部の依頼によって，社会調査の授業をおこなっている。山口での調査は，当時の山口大学近沢敬一助教授が尽力し，調査対象地として採り上げられたのは，「山口県吉敷郡大内村」（現・山口市大内地区）である。

大内村は現在山口市に編入されているが，調査当時，都市化が進行しはじめた都市近郊農村で，言ってみれば元岡村との対比が考えられていたといえる。

それ以降も，先生はたびたび山口大学に集中講義で出講してこられ，多くの山口大学社会学研究室の学生をも指導された。

内藤先生は，山口大学に限らず，集中講義で各地に出かけるおりに，時間の余裕があったら調査をやってみたいと常に考えておられたようである。その一例が，昭和43年に鹿児島大学に出講した際に，九州大学から助手や大学院生を呼んで，講義と並行して末子相続にかかわる調査を実施している[19]。地方への出講の機会をフルに活用した内藤の研究スタイルがうかがわれる。

農村SSM調査に始まった内藤の実証的な村落研究は，九学会連合の「奄美」調査や，九州大学学術調査団による「甑島」調査などによって，次第に研究の中心を占めるようになり，やがて，西南九州に特徴的な末子相続の研究へと結実していくこととなる。

注

1）中生勝美「民族研究所の構想と『民族研究講座』」『国際常民文化研究叢書』11，2015年，355頁。
2）同上論文，370頁。
3）内藤莞爾「人と学問　牧野巽」『社会人類学年報』Vol. 8，1982年，99頁。
筆者は大学在学中に，内藤先生の依頼によって九州大学に集中講義に来られた牧野巽先生の，支那の宗族に関する講義を受講した。
4）同上論文，99-100頁。
5）内藤莞爾「安南村落」東亜社会研究会編『東亜社会研究』第1輯，生活社，1943年，320-380頁。
6）内藤莞爾『本論　検証・戸田貞三氏の「家族構成」　付論　点描・戸田貞三氏の家族学説』私家本，1996年，33-34頁。
7）田中清次郎（東亜研究叢書刊行会長）「東亜研究叢書の刊行に就いて」ソープ，

伊藤隆吉・保柳睦美・上田信三・原田竹治訳『支那土壌地理学』（東亜研究叢書第4巻）岩波書店，1940年，2頁。

　　内藤のグルーの著書の翻訳本は入手できていないが，入手可能なリヒトホーフェン『支那』（東亜研究叢書第14巻，1941年），ブカナン（東亜研究叢書第20巻，1943年）それぞれの巻には，全て同様の「刊行に就いて」が付されている。

8）内藤莞爾「猺民の村落生活」『民族学研究』新2巻4・5合併号，1944年，35頁。

9）内藤莞爾「研究ノート　汝南賓興について――海南島一宗族の学田規約――」『社会学評論』10巻2号，1960年，106-113頁。

10）内藤莞爾「華南相続の婚域について」『哲学年報』（九州大学文学部）第26輯，1967年，215頁。

11）内藤莞爾「中国家族の世代について」『社会学評論』1巻2号，1950年，116-134頁。

12）内藤莞爾「私と家族研究――末子相続をめぐって――」『社会学雑誌』（神戸大学社会学研究会）第2号，1985年，170頁。

13）内藤莞爾「文献解説　社会調査」『季刊社会学』2号，1949年，87頁。

14）山本陽三「九州大学社会学研究室」『研究通信』（西部社会学会）第6号，1958年，19-20頁。

15）西部社会学会は，昭和21年に全国に先駆けて発足した西日本地域の学会で，京城帝国大学から九州大学講師として着任した秋葉隆講師が会長を務めていたが，秋葉が昭和23年に急逝し，喜多野清一が会長を引き継ぎ，「会員の研究連絡，学会動静，会からの通報連絡などを主とする機関」という形で，何か「会誌」をもちたいと，『研究通信』は発刊されるようになった。喜多野清一「発刊のあいさつ」『研究通信』第1号，1954年，1頁。

　　西部社会学会は，昭和48年に名称を「西日本社会学会」と変えて，現在，活動をおこなっている。

16）内藤莞爾「調査法概説書数種」『研究通信』第1号，9-10頁。

　　当時の学会の機関誌は，手書きのガリ版刷りの雑誌ゆえ，スペルのミスなどがあるが，収録分においては，適宜修正した。

17）内藤莞爾「経営階層の社会学的分析Ⅰ――農村社会成層の研究――」『哲学年報』第22輯，1960年，125頁。

　　調査結果の分析は2年にわたって，『哲学年報』に書かれている。

　　「経営階層の社会学的分析Ⅰ――農村社会成層の研究――」『哲学年報』第22輯，1960年，121-160頁。

　　「経営階層の社会学的分析Ⅱ――農村社会成層の研究――」『哲学年報』第23輯，1961年，295-332頁。

18）冨吉素子「福岡近郊における明治前期の家族とその変容」『別府大学紀要』第

51号，2010年，73-82頁。

　　桑原村の明治初年の戸籍簿にもとづき，家族の構造を分析したと注の中で，「昭和28年に全国的に実施された SSM 調査の際に蒐集された資料の一部であり，当時の九大の担当者でいらっしゃった内藤莞爾九大名誉教授より借用し，分析した」と述べている。

19）その成果が，「鹿児島農家の相続と家族周期——いわゆる末子制の検討——」『九州大学比較教育文化研究施設紀要』第22号，1971年，1-44頁である。

Ⅲ 村落調査から末子相続研究へ

1. 実証的社会学研究へのウォーミングアップ

(1) 家族研究へ導いた3人の師

　内藤の大学入学以降の研究経歴をみると，東京帝国大学文学部社会学研究室に所属し，卒業後は，第2次世界大戦中に設置された文部省直轄の民族研究所において牧野巽の助手となり，戦後，文部省での事務官勤務を経て，神戸大学に就職する。神戸大学と九州大学との併任期間の後，昭和25年に九州大学に赴任している。

　この間，内藤が師として直接的，間接的に指導を受けたのは，東京帝国大学の戸田貞三，民族研究所の牧野巽，九州大学の喜多野清一の3人である。

　内藤自ら，「学生時代，私は戸田貞三先生のご教示をえた。先生は小家族説の提唱者である。次いで戦争中は，民族研究所（文部省）に勤めて，牧野巽先生の助手となった。先生は中国の家族，とりわけ宗族の研究者として知られている。私も門前の小僧で，古典の読み方などを勉強した。九州に移ってからは，喜多野清一先生の助教授となった。先生は有賀喜左衛門先生と並ぶ，同族団研究の双璧である。3人の先生は，それぞれ守備範囲はちがっていたが，家族研究というグラウンドは共通であった。また実証的学風という点も共通していた。家族研究にとっては，私は絶好の環境に恵まれていたわけだ。そしてこの3人の先生から，多くのものを学ぶことができた」[1]と述べている。

　この3人の師との出会いが，内藤社会学の基礎づくりに影響を与え，多かれ少なかれ家族研究に対する関心が，内藤を末子相続の研究へと導いていったことは容易に推測できる。

(2) 戦前・戦中の調査研究

　内藤が学生時代を過ごした東京帝国大学社会学研究室においては，戸田貞三をリーダーとして，昭和10年に「分家慣行調査」事業がスタートしていた。この事業には，農村研究の鈴木栄太郎，法制史の瀧川政次郎も加わり，米林富男が実質的な世話役を務めていた。そして社会学科に所属した喜多野清一，渡辺万寿太郎，及川宏，北山正邦，野久尾徳美，関清秀，関敬吾，竹内利美などが，この事業に参加したことはいうまでもないことである。

　そもそも「分家慣行調査」事業は，昭和恐慌につづく農村の不況と農家の次三男対策を目的としたものである。農家が分家すれば財産が分産され，内藤先生が授業中によく言われていたが，「たわけ」の語源は「田分け」で，分家によって農家の貧困状況がより深刻になる。そこでまず「分産を伴う分家の実態調査」がおこなわれた。

　その背景には，農村地域の人口圧力を低下させるために，過剰人口を中国の東北地域へ開拓移民させようという国策があったことは明白である。

　この事業の研究成果として，『家族と村落』第1輯が昭和14年に日光書院から刊行された。『家族と村落』は，戦局の動向が背景にあったのかどうかは定かではないが，昭和17年に第2輯が刊行されて終わっている。その続編といわれているのが，「東亜社会研究会」による『東亜社会研究』で，第1輯が昭和18年に生活社から刊行された。

　第1輯に，内藤の「安南村落」が掲載され，論文の文末に「就職による時間不足と調査旅行への出発に遮られ殆んど推敲の暇がなく，予定した第3章を割愛したので何等纏まりのないものになったことを御詫申し上げる」[2]と述べており，内藤が慌ただしくフィールド調査に向かったことがわかる。

　そのフィールド調査は，牧野巽の助手として参加した海南島調査で，戦時下でもあり，思うような調査はできなかったようである。牧野は「海南島調査は民族研究所に入る前に海軍から依頼されていたのです。海軍が依頼したのは，海南島で軍政でやっているのを，民政に移すというので，裁判所の判事の人た

ちとわれわれとが調査に行くことになりました。まあわれわれは付録みたいな
ものですが。昭和18年の秋です。治安が悪くて，調査はできなかったのです。
同族村に行くといって，だいぶ奥地に行ったりしたのですが，そんなときには
向こうの兵隊が一個小隊，50人くらいでしょうか，くっついて自動車の前と後，
それに両側にも，張りついて行くようなあんばいなのです。向こうへ行けば，
ひっくり返るような騒ぎなんです。50人も兵隊が一度に来てしまってね，どう
しようもないでしょ，気の毒で。そこでがんばればいろいろとおもしろいこと
を話してくれたんだと思いますが，気の毒でね。今，九大にいる内藤莞爾君も
一緒に行ったんですが，大した調査もできませんでした。向こうで書類をだい
ぶ貰ってきたり，族譜の写しなどもあるのですが」[3]と，戦時下の現地での海
南島調査の実情について述べている。

　このように戦前・戦中の社会学的実証研究は，社会学に限ったことではない
が，国策と密接にかかわっておこなわれており，言い換えれば，国策に寄与す
る研究がいやがおうでも中心となり，国策に寄与できることがやりがいである
と思う雰囲気があったと思われる。

2．実証的村落調査

(1)　漁村調査

　戦後になって，研究者自らが主体的な問題意識をもって関与できる調査研究
が，ようやく可能になったといえる。

　内藤はまず，昭和24年の秋と昭和25年の夏の2度にわたって，「漁村」にお
ける調査を実施している。調査地は，静岡県賀茂郡A村，T村の2つの地域で
ある[4]。

　当時，内藤は，いうなれば駆け出しの研究者で，研究実績もまだ十分とはい
えないので，調査対象地域として，自らの出身地でもあり，調査に必要なさま
ざまなコネクションが得やすい，静岡県の漁村を調査対象地として選んだので
はないかと推測される。

　論文には，調査の背景や位置づけについては何も述べられていないが，漁村調査の目的や問題意識は，戦後の地域社会に封建性がどのように持続しているのか，あるいはどのように変容しているのかにあったと述べている。村落社会における封建遺制の研究は，この時代に共通した問題意識で，社会の近代化の実態を実証的にとらえようとしたと思われる。

　内藤は，鰹漁船の乗組員と船主との関係において，何らかの族的関係がみられるかどうかに注目している。調査結果によると，鰹漁業の組織そのものは近代的な経営組織に移行していくが，漁業に従事する労働力として「雇い子」が入り込んでいる。その雇用関係には前近代的な慣行が持続しており，漁業組織は依然として「親族共同体」となっている。すなわち船主と乗組員の関係は，「オヤ―コ」関係で，船主は経済的な支援者であり，船子の冠婚葬祭においても采配をふるっている。

　また若者組について，組織そのものは遊戯的サロン的青年組織であるが，婚姻に関して規制的な役割を果たしているとともに，村の祭礼で活躍し，消防組との関係もあり，若者組は，村落構成において一定の役割を担って確固たる位置を占めている。

　若者組を村落の一構成体として把握するという視点は，村落という全体社会と若者組との，組織間の有機的な関連を見据えたものであり，内藤の社会学的視座として特に重要な点である。

(2)　農村 SSM 調査

　内藤は，しばらくは神戸大学との併任であったが，九州大学に赴任して本格的に地域調査に従事することになる。言い方を変えれば，この時代，講座制で研究室が運営されていることから，九州大学社会学研究室で引き受けた村落調査に，助教授である内藤は，調査現場の責任者として関与していくことになる。

　特に，1951年，ISA 国際社会学会において，「SSM（社会階層と社会移動）調査」の国際比較研究に取り組むことが提議され，日本社会学会も学会をあげて

参加することを決定した。ここに内藤の村落調査への本格的な関与が始まる。

　周知のように，1952年にまず6大都市において「SSM調査」が実施された。しかし，6大都市の調査で日本社会の現状を反映していることになるのか，村落社会を排除して日本の社会階層は語られるのか，という疑問が当然出てきた。

　当時，社会学者の実証的フィールドは，圧倒的に村落社会に傾斜しており，山本登が述べているように，「昭和26年の六大都市調査に対する，当時の社会学，とくに，農村社会学の実証的研究の中心的立場であった構造分析派の抵抗？」[5]があったことが大きい。

　山本のレポートによると，日本社会学会では，1953（昭和28）年に東北大学で開催された第26回日本社会学会大会の際に，「SSM調査草案起草委員会」を結成し，村落におけるSSM調査を企画することとなった。

　起草委員会委員長には有賀喜左衛門，副委員長には小山隆が就任し，学会の理事である臼井二尚，武田良三，福武直が参加し，それに加えて具体的な調査地域として想定された地区から，内藤莞爾，甲田和衞，山本登が参加した。

　「起草委員会」では，和歌山，山梨，福岡の3か所の，典型的村落を調査することとし，調査の全体的デザインを決定するための予備調査を開始した。

　まず，昭和28年12月15日から7泊8日の調査が，和歌山県那賀郡上岩出村根来寺山内の宿に宿泊しておこなわれた。この調査に参加したのは，有賀喜左衛門，小山隆，臼井二尚，喜多野清一，内藤莞爾，甲田和衞，森岡清美，塚本哲人，西田春彦，米村昭二，大本晋，益田庄三，角節郎，山本登である。

　和歌山調査の「調査資料目録」によると，SSM調査にかかわると思われる資料を片っ端から集めたとのことで，上岩出村全般についての書写資料23点，直接調査地とした西国分と東阪本についての書写資料106点，面接資料52点に加えて，世帯員属性，農業経営状況，階層，階級帰属意識などの態度，社会経済的地位などについての調査票を使用した調査資料があり，部落の各階層の代表者を集めグループ・ディスカッションが実施されている。

　次いで，昭和29年4〜5月には，福岡県糸島郡元岡村において，昭和29年8

月には，山梨県中巨摩郡大鎌田村外１ヶ村組合村において，同様の調査がおこなわれ，昭和29年と30年の日本社会学会で，それぞれ中間報告がなされている。

昭和30年の第28回日本社会学会は，10月15，16日に九州大学において開催され，２日目に，これまでの農村 SSM 調査の報告がおこなわれた。内藤莞爾の報告要旨によると[6]，その報告会と登壇者は以下のとおりである。

農村 SSM 調査方法論の検討　文学部１階２番教室

	司会	有賀喜左衛門	甲田和衞
農村 SSM について	東京教育大学	有賀喜左衛門	
1　山梨県調査について	東京大学	福武　直	
	山梨大学	服部治則	
2　和歌山県調査について	大阪大学	甲田和衞	
	大阪市立大学	山本　登	
	和歌山大学	西田春彦	
3　福岡県調査について	九州大学	内藤莞爾	

討論参加者

臼井二尚，大山彦一，喜多野清一，小山隆，角　節郎，高倉又二，塚本哲人，中村正夫，中野芳彦，原　宏，益田庄三，松原治郎，真鍋隆彦，森岡清美

農村 SSM 調査に関しては，これらの学会における中間報告と参加者による部分的レポートはあるが，残念ながら総括的報告書はない。このことについて山本登は，階層なるものの統一的視角による分析が不可能であったと述べているが，地域社会はそれぞれ個性的で，モデルとして調査対象となった３地区によって，日本の農村地域の全体像を推定することはとうてい不可能であったことが大きな理由として考えられる。

(3)　農村 SSM 福岡調査

ところで，農村 SSM 調査においては，調査地を選定する際に，ひとつのま

とまりをなしている「ムラ」を母集団として析出した。福岡調査に最初から参加した内藤は，ムラの条件として，① 農家のケースが，少なくても100を数えて，不完全ながら数理的操作に堪えうるムラであること。② 都市の影響が直接，感じられ，そこでは多少でも商品経済的性格がしめされていること。③ にもかかわらず，農村の伝統性がそれ自身変容しつつも，なお保持されていること。④ 水田化率が相対的に高く，畑作がこれに附着し，なおできうるならば，若干の山林を所有していること，の４つの条件をあげており，第１条件は技術的な観点からのもので，２～４の条件が，日本の農村一般の性格であることを考慮した条件であり，この条件にかなう調査候補地を選定したと述べている。

　福岡地区において「最終的に決定したのが，桑原区の隣ムラ，糸島郡元岡村元岡区であった。もっともはじめの予定では，元岡区と桑原区の双方を取り上げるはずで，したがってこの２区にわたって多少の資料が蒐集されたが，その後の諸般の事情から，調査は元岡区だけに限定された」と述べている。

　調査団による元岡区の調査は，昭和29年１月から８月にかけておこなわれ，資料の収集と整理とが終わった[7]。調査終了後，この調査研究が共同研究であるが故に，内藤は個人的に元岡村元岡区に関する論文を発表することはしていない。

　しかし，SSM 調査の対象地域から外された「桑原区」に関しては，資料収集が終了していたことから，農林省農林経済局から別途，委託調査を命ぜられたときに，内藤は元岡村桑原区を調査対象地として，農村社会成層の調査研究をおこなっている。内藤は，「農村 SSM で取り残されたのが桑原区であり，ある程度資料収集もできていたからである」と述べ，桑原区での調査結果の分析を，「経営階層の社会学的分析Ⅰ——農村社会成層の研究——」「経営階層の社会学的分析Ⅱ——農村社会成層の研究——」として『哲学年報』に執筆している[8]。

　「経営階層の社会学的分析Ⅰ」では，調査の位置づけや調査地の概要と，桑原区の経営構造が述べられ，「経営階層の社会学的分析Ⅱ」では，桑原区の

「干拓事業」「耕地整理」「生産上の推移」「土地関係の変遷」「小作争議」の歴史が述べられ，この社会学的分析は「未完」とされている。

　しかしながら，経営階層ごとの経営規模と農業従事者の実態，生産機具の導入と労働力の関係，階層ごとの裏作としての麦，菜種，蔬菜の作付け，さらには小作争議と地主会の発足など多岐にわたって，ムラの実態と変遷が明らかにされている。

(4)　農村調査資料と内藤莞爾「未定稿論文」

　「桑原区」に関する2つの論文は，主に，元岡村の役場資料や村会議事録，桑原区が所有していた文書などの資料を中心に分析がおこなわれており，農村SSM調査の際に収集された資料は使用されていないように思われる。

　後に，桑原区に関しては，喜多野清一博士古稀記念論文集『村落構造と親族組織』（未來社，1973年）に，内藤が1964年に執筆した「筑前旧村箇記」[9]が収録されている。この論文には，喜多野が農村SSM福岡調査に九州大学の代表として積極的に参加していたということもあり，調査からかなりの時間が経過していたこともあってか，農村SSM福岡調査の際に集められた資料，たとえば，「桑原貯金講」や安政3年の「倹約ケ條書」，明治14年の「節倹結約人名簿」を明記して，村が一丸とした制度であることを示しているのである。

　農村SSM福岡調査の際に集められた資料の一部が，九州大学文学部社会学研究室に保管されている「内藤莞爾資料」である。資料は，内藤先生の久留米大学時代の直接的な弟子である冨吉素子（元別府大学教授）さんと山口信枝（地域史料研究会・福岡）さんによって整理され，丁寧な目録が作成されている。

　表Ⅲ-1は，九州大学文学部社会学研究室に保管されている「内藤莞爾資料」のうち，農村SSM福岡調査によって収集された資料の目録より，筆者が整理したものである。

　「内藤莞爾資料」には，内藤が2005年までに執筆したものも含まれているが，表Ⅲ-1はその資料の一部である。表は，農村SSM福岡調査の際にどのよう

表Ⅲ-1　農村 SSM 福岡調査収集資料

史料番号	表題	年	月 日	作成者差出人	宛先・注
1	倹約ケ條書	安政3年	8月村方達ル	桑原村庄屋市三郎控	
2	倹約定書	安政3年	辰8月	郡奉行川越又右衛門ほか2名	佐藤瀬兵衛ほか2名
3	達書			志摩郡元岡村大庄屋浜地新九郎, 村々庄屋中	郡代佐藤瀬兵衛ほか2名, 郡奉行川越又右衛門ほか2名
4	牛馬乗車方心得達			志摩郡元岡村大庄屋浜地新九郎	佐藤瀬兵衛ほか2名
5	達書	安政3年	辰8月	志摩郡元岡村大庄屋浜地新九郎より	郡代佐藤瀬兵衛ほか2名, 郡奉行川越又右衛門ほか2名
6	御達書	安政3年	辰8月下旬	大庄屋浜地新九郎	大庄屋浜地新九郎
7	倹約箇條添達			志摩郡元岡村大庄屋浜地新九郎江	郡代佐藤瀬兵衛ほか2名, 郡奉行川越又右衛門ほか2名
8	御書付写	嘉永5年	4月4日	早良志摩郷土都役所	志摩怡土大庄屋三人当ル
9-1	契約証	昭和7年	1月11日協定	元岡村地主代表者、小作人代表者, 伍長立会証	
9-2	小作料協定	昭和3年	2月5日		
9-3	契約書草案				
10	税関係				元治2年奉幣使夫御割方帳、区費等の表書きあり
11	〔住録番号氏名書き上げ〕				
12	壬申戸籍戸主名				
13	〔地主小作面積価格書き上げ〕			桑原西区	
14	〔地主小作面積価格書き上げ〕			桑原中区	
15	〔地主小作面積価格書き上げ〕	昭和21年?		桑原東区	「改革前 S21？」記載有
16	県への報告	11年分			ウルチ・モチ反別収量
17	〔県への報告〕	昭和19年	1月末現在	農会調査	
18	道府県外出稼状況	昭和13年中		元岡村	
19	耕作貸付面積	昭和21年		農地委員会	桑原東・中・西組
20	農家人口調査票	昭和21年			
21	農家人口調査票 Manual	昭和21年	4月26日		
22	〔Ⅱ専業兼業別雛形〕				
23	海外居住並帰朝者調	昭和4年	12月1日		
24	日系米国加奈陀市民県下滞在者調	昭和4年	12月1日現在調		海外在留人員調（明治37年12月末現在）・海外渡航者本国送金調（明治37年末現在）
25	〔村民税調〕	昭和17年度から			
26	公道会規約	明治32年	2月24日		
27	桑原養蚕講・桑原貯金講	大正7年	7月創立		
28	風呂場用	大正8年	3月8日	東組ノ分	
29	節倹結約人名簿	明治14年	4月	桑原村	
30	組合・講				
31	桑原貯金講	明治33年	5月起		
32	中村作次郎・大神市三救助講	昭和3年	1月初会		
33	第二項出資金ニ関スル事項				
34	村講金割賦伺	明治10年	12月	第六小区志麻郡桑原村	
35	新株貯金原簿	明治39年	12月発行	桑原貯金講	
36	元岡区昭和拾七年度経費賦課徴収方法	昭和17年	3月14日	元岡区	
37	諸達并照会書綴	明治26年	1月1日起	元岡区	
38	元岡村村民税納税義務者賦課等級表	昭和22年度			
39	元岡区有文書目録				
40	桑原区有文書目録				
41	農地改革以前土地所有及ビ経営				山手、下ノ谷、坂の谷、永田、馬場（昭和20年11月24日以後、昭和22年初頭に行なはれたものと思はれる）
42	元岡村全図				縮尺壱万分之一
43	筑前国志麻郡桑原村戸籍（複写）	明治5年	壬申2月		上段明治5年壬申2月, 下段明治20年対比記載
44	筑前国志麻郡桑原村戸籍（複写）	明治5年	壬申2月		上段明治5年壬申2月, 下段明治20年対比記載
45	筑前国志麻郡桑原村戸籍（複写）	明治5年	壬申2月		上段明治5年壬申2月, 下段明治20年対比記載

な資料が収集されたかを知ることを目的として，調査がおこなわれた昭和29年以前の資料について，目録中の，史料番号，表題，年月日，作成者・差出人，宛先・主な注について筆者がまとめたものである。

「内藤莞爾資料」の目録には，形態や数量に加えて，資料の形状やどのような封筒に入れられているのかまでもが備考には詳細に記されているが，この表では省略した。

ところで，「内藤莞爾資料」の中に，内藤が晩年に執筆して，刊行されずじまいになっている「元岡区　その昔——農地と農民の推移——」（2005年秋）がある。すなわちこれこそが，農村SSM調査福岡の対象地域に関する調査報告論文である。

まえがきにおいて，「当時，私は九州大学の助教授であったが，地元大学の助教授ということになると，当然，庶務・会計等の雑用が回ってくる。というわけで，いろいろな資料・報告類もわたしのもとに集まることとなった」と述べ，この元岡の地に九州大学の移転が決定し，着工が始まっているのを機に，眠ったままになっている資料や報告類を纏めたのが本論文であると述べている。

また，刊行できない大きな理由として，調査に参加した研究者が複数あったことから，データの統一性に欠ける部分があることがあげられ，今となっては資料を綿密に照合することが不可能なので，「未定稿論文」とするとされている。

調査時点での元岡区の状況とSSM調査の問題意識を大まかに知ることができるので，未定稿論文の目次を以下に示しておきたい。

元岡区　　その昔
——農地と農民の推移——

まえがき
第1章　元岡区の農業史
　1．藩政期
　2．明治以降

　追記に，「ごらんのように，本稿は半世紀以前で中断している。このままでは移転後の九州大学の経営に資するところは，あまりないであろう。『元岡区の現代史』の作成に期待するところがきわめて大きい，としなくてはならない」と結んでいる。

　藩政期以降の土地改良や農業経営の推移，大正5年の「小作人との折衝やトラブル解消」を目的に元岡地区地主会が発足したことや，農地改革の実態など興味深い記述も多くある。

　農村SSM調査をきっかけに，糸島郡の「元岡区」と「桑原区」を対象にして，戦前の農村における地主層と小作層，および農業労働層といった階層が，戦後の農地改革によって流動化していく実態が，農業経営との関連で丹念に述べられていることは特記しておきたい。

⑸　山口市大内における調査

　内藤は，農村SSM調査の企画が進行している時期に，山口大学文理学部の依頼で山口大学に来校して，社会調査の授業を昭和28年2月におこなっている。社会調査の授業には調査実習も含まれており，当時の近沢敬一助教授の尽力によって，調査対象地として「山口県吉敷郡大内村」（現・山口市大内地区）を選

定している。

大内村は，地方都市山口市近郊の農村で，社会学研究室の学生が多く参加する調査実習の授業なので，調査にかかわる仕事を学生に均等に割り当てる必要があると考え，調査票を用いた聴き取り調査が実施された。この調査結果を用いた論文には，大内村の当局や村民への謝意が述べられている[10]。

さらに，山口大学の潮見実教授の退官を記念して，山口大学文理学部社会学研究室によって刊行された論文集『潮見実教授退官記念論文集　社会の科学』（1965年）に，内藤は，大内村での調査データに基づいた「農民意識の実態——そのオープン・システムをめぐって——」を執筆している。

この論文が，実際の調査からずいぶん時間を経過した時点での論文であることに対して，「調査以来，10年を経ており，潮見教授の論集に捧げるのは非礼であることは承知している。ただ山口大学と私とを結びつける機縁となった仕事，という個人的感情をお酌み取りの上，ご海容いただきたい」[11]と，論文集編集の意図をくんだ，内藤独特の思いやりの言い回しが遠回しに述べられている。

大内村での調査の問題意識は，やはり農村の近代化で，すなわち農村が外社会との関係で封建制を打破しながら開放化へ向かうプロセスに焦点が置かれている。その意味で，都市近郊という地理的な条件は不可欠であった。

まず，大内村の地域概況が，住民の職業，土地所有，経営としての自小作の実態と，郷土誌にみる村の歴史が示される。大内村は，明治以降県庁の置かれた山口市の近郊ではあるが，歴史的に見れば，戦国大名の大内時代に，かつては都市（まち）であった伝統をもち，知名士を多く輩出していることが『大内郷土読本』に記載されている。

農民の定住意識が強いのは，このような地域に対する誇りがあるといえるし，反面，優れた人材を外に押し出すオープンな農民意識もあるとしている。

地域は地の者とよそ者から成り，それがほぼ農家と非農家に対応して，上・中・下といった農民階層がみられる。親族関係が絶対的に優勢で，来住農家は

親族か縁故者である。しかも，妻の係累が抜きん出て，来住層もうまく地域に統合されている。

　基本的には「村の支配的価値，社会体制は，農家＝地の者集団によって支えられ，人びとの行動や態度を大きく規制している」[12)]ことは否定できず，このような性格は，おそらく，日本農村の一般的性格から，さして偏倚するものとも思えないと結んでいる。

　しかし「余論」において，「女方」の優位さは，同族結合の微弱性と関係があるのであろうかと，重要な仮説を導き出している。

　以上みてきたように，漁村や農村の調査研究における内藤の関心は，戦後の日本の村落社会が近代化していく実態を解明するところにおかれていたといえる。すなわちその出発点が農村SSM調査への関与であったことから，戦後の農地改革により，村落の階層構造が農地の所有から農業経営の規模や経営内容に依存していくことや，村落内の集団や組織のリーダー層の変容や，農村地域への社会的移動や周辺都市地域とのかかわりの中で，価値意識が変容していくさまに関心が寄せられている。しかし，本家―分家関係や親族ネットワークは追跡されてはいるが，この段階では，相続への関心はみられない。

3．共同調査による視野の拡大

(1)　九学会連合奄美調査

　内藤は，昭和30年から33年にかけて実施された九学会連合の奄美調査に参加している。九学会連合調査は，戦後，人類学会，民族学会，民間伝承の会（昭和24年より民俗学会），社会学会，考古学会，言語学会の6つの学会が集まって始まった「六学会連合」に，地理学会と宗教学会が加わり，さらに心理学会も参加して，昭和26年に九学会連合となり，学際的におこなわれてきた共同調査である。対馬（1950-51）調査を皮切りに，能登（1952-53），奄美（第1回，1955-57），佐渡（1959-61），下北（1963-64），利根川（1966-68），沖縄（1971-73），奄美（第2回，1975-77）と，特定の地域を指定して共同調査を実施してきた。

　内藤が参加したのは「奄美」調査の第2回目の調査で，内藤は，奄美大島の喜界島に調査に入っている。喜界島では，人類学の蒲生正男や民俗学の北見俊夫や瀬川清子も調査しているが，調査時にこれらの研究者とどのような交流がみられたのかは定かではない。しかし，最終的な調査報告書において，彼らの調査内容を知ることができたと思われ，内藤の村落地域における研究視座が，この調査を通じてある程度拡大されたのではないかと推察される。

　具体的には，内藤は，喜界島の城久集落において，全て農家である64世帯の世帯主に対して調査をおこなっている。まず城久集落の生産構造について，経営階層別に，農業従事者，日雇いや労力，および家畜の実態，さらには小麦と砂糖キビの副業への取り組みを示したうえで，階層別に事例を取り上げて分析をおこなっている。

　本分家関係，婚姻・養子縁組による親族関係のネットワーク，製糖組合の構成メンバー，労力の交換を分析しながら，親族関係のネットワークは結合の機縁ではあるが，切り札とはなっておらず，この地域から町議も出ていないのは，親族のまとまりがよくないからであろうと述べている。

　また，班長，PTA，婦人会，青年会などの地区の役員は，必ずしも旧家のものがついているとは限らず，むしろ役職者には分家の家が多い。農業協同組合も農薬と種子に関与するにすぎず，ムラの重要な組織にはなり得ていない。

　結果的に，「部落の統合度のきわめて低いことは認めざるをえない」し，「ムラの発展を阻んでいるのは，自然条件でも機械化の未発達でもない。より根本的には人間関係のあり方に存する」[13]とし，「一丸となった村」に拘束されない農家や農民の動向に関心を寄せている。

(2)　九州大学甑島共同調査

　さらに内藤は，昭和36年に，鹿児島県甑島においておこなわれた九州大学の共同調査に参加している。調査には，言語学の吉町義雄，昆虫学の森本桂と，文学部助手の土居平，および教育学部助手の小林文人が参加し，学外から，家

政学の立場で福岡女子大学の平松園江，福岡学芸大学の平田昌も参加している。

　甑島に関する調査論文は，教育学部の文化人類学者吉田禎吾と共著で「離島村落の社会人類学的研究」を『民族学研究』に発表している[14]。

　この論文によると，調査地点は鹿島村で，昭和35年の戸数は575戸で，家族関係や親族関係，相続慣行などを調査していることがわかる。この村では，「家」慣行は曖昧で，相続制度も曖昧である。重要なことは，相続に関しては，制度ではなく，財産の分与，位牌の所在，親の面倒を誰がみるかを，それぞれ個別に調査している点である。

　家連合は，男系の家連合である「モンズ」と，血族，姻族の双方を含む「ヤウチ」があり，モンズを検出することは可能ではあるが，モンズに加入していない家が多く，家連合は総じて弱体化しているという。

　網元と網子の関係も，本分家関係とは無関係で，ヤウチの結びつきがみられる。すなわち同族団ではなく姻族の結びつきが登場してきており，この関係がムラを世帯の平等的集合体にしている。

　ムラの権力に関しては，有力者の集まりである「有志会」があり，この会には公職経験者が入っているが，地域における部落会とは無関係である。

　結果的に，この村では，旧民法で定められた長子単独相続は例外的にみられるだけで，財産は男の子の間で分けられている。いわゆる長子家督が制度化されていないことに内藤は気づいたことがよくわかる。すなわち甑島調査は，「西南型家族のムラ」を発見する契機となったといえる。

　内藤は後に，「文化人類学の人たちと一緒に，ある小さな部落を調査した」[15]ことが，末子相続に目を向ける刺激となったと述べている。この甑島における共同調査のなかで，相続を，財産がどのように分与されたかだけでなく，位牌の所在や親の世話を誰がみたのかにいたるまで，生活の内部に立ちいって調査することが，いわゆる社会学的相続研究において重要であることを実感したと思われる。

　多少脇道にそれるが，内藤が吉田を通じて人類学とかかわるようになったこ

とは，昭和47年に九州地域を中心に活動をしている研究者が集まって，人類学および近接領域の研究の普及や発展を目的に「九州人類学研究会」が設立された時に，発足に際して９月16日に開催された研究会で，内藤は「末子相続の族制的文脈——比較民族学的考察——」という研究報告をおこなっていることでよくわかる。

この報告は，研究会の学会誌創刊号の巻頭論文として掲載されている。その後も，昭和49年の３月の研究例会において「隠居家族の問題」を報告し，昭和52年には「五島の分牌式家族慣行」の報告もおこない，継続して論文を投稿しており，人類学との関係を保持していることがわかる[16]。

以上，内藤が，戦後，漁村，農村においてフィールド調査を重ねてきたプロセスを丁寧にたどっていきながら，西南地域に特有にみられる家族や相続のあり方に関心をもつにいたったことを明らかにすることができたと思う。

すなわち，内藤が末子相続の実証的研究を始めるまでの村落における調査研究において，相続の慣行はムラ単位で把握すること，家族を族制の中にではなく小規模単位でとらえること，実態的な社会調査を実施し，可能な限り統計的処理をすることによって分析結果に客観性をもたせることなど，内藤のいわゆる社会学的末子相続の研究につながる足がかりを明らかにすることができた。

注

1）内藤莞爾「私と家族研究——末子相続をめぐって——」『社会学雑誌』（神戸大学社会学研究会）第２号，1985年，170頁。

　３人の師の中で，戸田貞三については，1996年に私家本『本論　検証・戸田貞三氏の「家族構成」　付論　点描・戸田貞三氏の家族学説』を刊行して，真っ向から意見を述べている。学生時代を過ごした，当時の東京帝国大学社会学研究室の様子もうかがわれ興味深い記述もあるが，「私は1936年から４年間，戸田氏の講筵に列した。この間における氏のご教示が，多少でも本稿の作成に役だったならば，しあわせであろう」（68頁）と注で述べており，タイトルとともに，戸田貞三先生ではなく，戸田貞三氏とあるのは，研究者として真っ向から対峙して，物申すという意味合いが込められているのであろうか。

　それに対して，牧野巽に関しては，「私は牧野の助手となって，のちまでの契

りが結ばれる」（「人と学問　牧野巽」『社会人類学年報』Vol. 8，1982年，99頁）
とあり，師への思いは対照的である。

2）内藤莞爾「安南村落」『東亜社会研究』第１輯，1943年，380頁。

3）「戦前の日本の中国家族研究――牧野巽氏に聞く（1974年２月６日）」『牧野巽
著作集　第７巻，家族論・書評他』御茶の水書房，1985年，81頁。

4）この調査がおこなわれた時期は，神戸大学時代であるが，調査に基づいた２本
の論文は，九州大学に赴任後，執筆されている。「漁村の労働関係とその社会的
基礎」『哲学年報』第11輯，1951年，64-92頁，および，「資料　年齢階級――特
に漁村の若者組――」『社会学評論』２巻４号，1952年，49-54頁。

5）山本登「農村 SSM のころ」『有賀喜左衛門著作集　第11巻　家の歴史・その
他』月報11，1971年，4-6頁。

6）内藤莞爾未定稿「報告要旨」58頁。
　　　周知のように SSM 調査は，1955年以降10年ごとに継続して個人を対象として
全国調査が実施されてきており，ムラを単位に農村 SSM 調査がおこなわれたこ
とは，次第に人びとの記憶から喪失してきているといわざるをえない。

7）内藤莞爾「経営階層の社会学的分析Ⅰ――農村社会成層の研究――」『哲学年
報』第22輯，1960年，125頁。

8）同上論文，121-160頁および「経営階層の社会学的分析Ⅱ――農村社会成層の
研究――」『哲学年報』第23輯，1961年，295-332頁。

9）内藤莞爾「筑前旧村劄記」喜多野清一博士古稀記念論文集『村落構造と親族組
織』未來社，1973年，343-372頁。

10）内藤莞爾「近郊農民の一面――一つのメモ――」『哲学年報』第16輯，1954年，
131頁。

11）山口大学文理学部社会学研究室『潮見実教授退官記念論文集　社会の科学』
1965年，51頁。

12）内藤，前掲論文，1954年，176頁。

13）内藤莞爾「奄美大島における地域構造」九学会連合奄美大島共同調査委員会
『奄美――自然・文化・社会――』1959年，301頁。

14）内藤莞爾「離島村落の社会人類学的研究」（吉田禎吾と共同執筆）『民族学研
究』30巻３号，1965年。
　　　内藤は，昭和36年の甑島における共同調査の10年後，昭和46年10月に再び甑島
に調査に出かけている。最初の調査は，村落構造に焦点を当てた調査であり，家
族や親族について調べたところ，族制において特異な地域であることを見出して
いたが，10年後は，末子相続の研究に関心が移り，相続慣行についてもっと詳し
く見てみようと思って調査に入ったと述べている。詳細については，内藤莞爾
「甑島再訪」『内藤莞爾博士還暦記念　学会創立10周年記念特集　社会学研究年
報』（九州大学社会学会）第７・８合併号，1976年，1-11頁，参照のこと。

15) 内藤，前掲論文，1985年，152頁。

16) 内藤が九州人類学研究会の会報に執筆した論文は，「末子相続の族制的文脈――比較民族学的考察――」『九州人類学会報』創刊号，1973年，1-6頁，「隠居家族の問題：隠居と再隠居」『九州人類学会報』第2号，1974年，49-51頁，「五島の分牌式家族慣行」『九州人類学会報』第5号，1977年，42-53頁である。

Ⅳ 社会学的末子相続の研究

1．社会学講義ノートより

　筆者が九州大学文学部で，社会学を専攻して社会学研究室に所属し，社会学の専門授業科目を受け始めたのは，昭和41年後期からである。それ以降，4年生になるまでの内藤莞爾先生の社会学講義ノートが手元にある。

　昭和41年後期の社会学講義は，まず家族の考察から始まった。L. H. モルガンの『古代社会』や F. エンゲルスの『家族・私有財産及び国家の起源』とともに，A. コントを例にして，家族は，国家を形成する基礎的な社会であり，個人と全体社会を結びつける媒体として重要であることが述べられた。そして，家族を研究する学問分野には，家族法（民法），家族制度（歴史学），経済学および社会学があるとされ，講義は「家族社会学」の問題点へと進んだ。

　社会学は，一般的に集団に興味をもち，家族を特定の集団として観察する。家族の規模や構成員などの素材（structure）すなわち「家族構成」と，家族という集団の活動の様子（function）すなわち「家族制度」を研究することになるが，structure と function は便宜上の区別であって，具体的な家族生活においては，両者は表裏一体をなしている。

　また，実際の家族と法律に定められた家族とは区別しなければならず，社会学では実際の家族を対象とする。現在では，法律的には，夫婦家族が制度化されているにもかかわらず，農村部では直系家族がみられ，家族成員の平均値には地域的にかなりの差がみられる。一般的には，農村部に比べて夫婦家族が優勢的な都市部ほど，家族の平均人員は少なく，都市化と世帯人員との間には相関関係がみられる。

　ところが，昭和40年の国勢調査の結果に基づいて，九州各県の平均世帯人員をみると，最も都市化が進んでいると思われる福岡県は4.10人，それに対して佐賀県は4.70人である。しかし，なぜか鹿児島県は3.88人と福岡県以上に世帯人員は少なくなっている。世帯人数は，都市化の程度のみならず，それぞれの地域の経済的要件やそれによってもたらされる生活程度の影響があることなども考慮しなければならないことが指摘された。

　また，家族は，衣食住を共にする生活共同体である側面と，一種の歴史的形象である「家」という側面があり，相続についても，「世帯を相続する」遺産相続と，「家を相続する」家督相続があり，これまでは「家の相続」が重視されてきた。

　この社会学講義の数年前，東京大学で，「大字」地域からサンプルが抽出され，日本文化の地域類型化が試みられ，「文化地図」が作成された。その結果，全国に共通した慣行と地域的に偏った慣行があることが示され，相続について西日本地域に多くみられる慣行は，「末子相続」と「選定相続」であり，西日本地域では，本分家関係が永続せず，父方，母方の区別も曖昧になっているという。

　民法学者の川島武宜は，農林省が農家相続についておこなった全国調査の結果から，農地の所有者（相続人）が非長子というのは，全国的には例外であるにもかかわらず，九州の北部の福岡県と南部の鹿児島県を取り出して比較してみると，鹿児島県には特に長男以外の相続の傾向がみられることを指摘している。

　内藤自身も，昭和36年の九州大学共同学術調査として，鹿児島県の甑島でおこなった調査結果[1)]から，特に下甑村では，長男が別に家を構えており，相続は長子でなければならないという長子相続が制度化されておらず，長男に両親扶養の義務があることも確立していない。また，財産分与についても，甑島では，分与はおこなわれているが，配分の割合についてのルールがない。さらに，位牌が置かれている場所，祖先祭祀の担当者，あるいは親の葬儀をおこなう喪

主が誰であるかによって，相続人を決めると考えると，甑島では，最後に親と一緒に生活していたものが相続人であると考えられていることなどに気づいていた。

　こうして，社会学講義の焦点は，西日本地域に特徴的であると思われる，長子相続とは異なる相続に向けられていった。

2．末子相続調査に先立つ予備的考察

(1)　多様な相続形態

　内藤の社会学講義では，相続調査の結果得られたモノグラフの紹介が多くなされていったが，それに先立って，末子相続や不定相続に関する既存の理論や研究が紹介された。わが国において，最初に末子相続があることを提示したのは，民法学者の中川善之助である。

　中川によると，末子相続に関する記述は古くは旧約聖書にみられ，末子相続の慣例のみられる要因に関して，2つの説があるという。すなわちW. ブラックストンの説を補強したSir J. G. フレーザー（民族学）の「開拓説」と，P. ヴィノグラドフ（法制史）の「貧困説・出稼ぎ説」の2つがあることを紹介した。そして，明治初期に司法省から刊行された『全国民事慣例類集』における諏訪地方の記述に，末子相続がおこなわれたことや，長子相続制度が浸透していない地域があることを見出して，フレーザーの開拓説とヴィノグラドフの貧困説を諏訪地方にあてはめてみた。

　その結果，諏訪地方の地域によって，2つの説がいずれもあてはまる。すなわち，土地条件との相関がみられ，開拓地がある「山浦」地域では，新開地に子供が大きくなった順に出ていき，開拓説のフレーザー型が適用され，「下筋」地域では，出稼ぎ的に長子が分家していき，どちらの説も適用できるという。

　また，相続形態に関して，東北地方においては，末子相続とは異なる変形の相続といえる「姉家督」がみられる。農業経営に影響を及ぼす労働力の補充と

いう意味で，初子が女子の場合，手っ取り早く労働力が得られるとして婚取りがおこなわれる。しかし，長男が成長すると，姉夫婦を分家させる中継相続もある。

もうひとつの変形相続として，隠居制と表裏一体をなす「父分家」がある。父が分家して隠居の手続きをとると，長男が家督を継ぐことができる。親が次男の家に入って分家すると，新たにできた家を隠居という。その次男が結婚すると父はまた分家する。

戸籍簿をあとづけてみると，明治民法では長子家督相続を規定して，末子相続を制限していたが，実際には，親は末子などにかかっており，実際の相続形態は，法律とのズレがみられ，多様なものが存在していたということである。

すなわち日本文化には，制度としての支配者の文化と，基層的な古民文化（農民的文化）があり，古民文化は，姻族を軽視せず，双系性がみられ，個人を中心とした親族集団で，核家族が顕在化してくる。親族集団はあるが，核家族よりは後退した地位にある。この古民文化は地域によりそれぞれ異なっているのである。

(2)　末子相続とかかわる諸要因

次いで講義は，末子相続が現れやすい，あるいは末子相続になりやすい，末子相続を支えている文化的要件，歴史的要件や社会経済的要件に関心が向けられていった。

たとえば五島列島のカトリック村落に末子相続が多いのは，宗教的な平等主義が根底にあること，家族計画がタブーで子供の数が多いこと，カトリック信者においては聖職者になることが最大の名誉で，長子が聖職者になれば家を出ていき，その結果長子相続制度が崩れていくこと，などが想定される。

地域的な特徴として，畑作地帯は，水規制がないので，家関係を通じての権力システムを必要とせず，地域共同体的な規制が弱い。また漁村は，代分けとして利益が配分され，早くから独立しうる経済的条件があり，若くして独立で

きるので家の分裂がなされる。

　このようにさまざまな要件が考えられるが，まず第1に家族の貧困が考えら
れねばならず，同一文化地域においても，階層別に相続制の差異が現れること
が想定される。また，文化的要件と社会経済的要件は，それぞれどのくらいの
ウエイトでもって相続形態に影響を及ぼしているのかも問題としなければなら
ない。

　加えて，人間関係的な側面から相続をみると，父子間の年齢差によって，子
供が成人した時に，年齢的に父が隠退の時期に達していない場合には労働力に
余裕があり，近くに未墾地や労働市場があれば，長男が分家して父との別居が
現れる。親子の2世代の夫婦の同居は家庭内にコンフリクトが生まれることか
ら，同居しないという慣習もある。

　このように，講義ノートを紐解いてみると，筆者の受講した社会学講義は，
ちょうど末子相続に関する調査研究が始められた時期であり，末子相続に結び
つくと思われるさまざまな要因に関して，試論的に，模索しながら調査がおこ
なわれていったことがよくわかる。

3．末子相続調査の概要

(1)　末子相続調査地域の概要

　内藤の研究は，昭和40年代以降，末子相続の実証的研究に全面的に集中され
ていく。

　その結果が，40本におよぶ末子相続に関する実態調査報告論文と，著書『五
島カトリックの家族分封』（北川基金刊行会，1970年），『西南九州の末子相続』
（塙書房，1971年），『末子相続の研究』（弘文堂，1973年），『五島列島のキリスト
教系家族――末子相続と隠居分家――』（弘文堂，1979年）である。

　内藤が相続に関する調査を実施した地点の全容を図示したものが図Ⅳ－1で
ある。相続に関する実態調査は，長崎県の西海岸と五島列島を中心に，熊本県，
鹿児島県の，いわゆる西南九州に広く及んでいることがよくわかる。

図Ⅳ - 1　相続調査地域（調査地点●印）

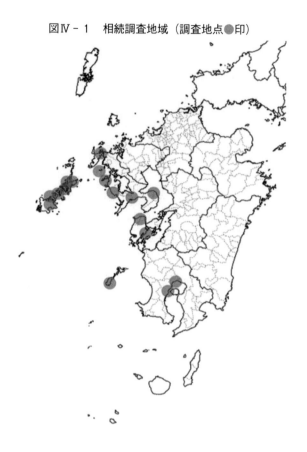

　内藤先生は，われわれ学生に，調査が終了すれば「記録していない細かなことを忘れないうちに，直ちにモノグラフを書いておくように」と口癖のように言っておられた。おそらく先生自身も，そのことを着実に実行しておられたに違いない。したがって，調査後に刊行された論文の執筆年から推察すると，およそ表Ⅳ - 1のような順で調査がおこなわれたと思われる[2]。

表Ⅳ－1　内藤莞爾相続調査研究の概要

	相続に関連する調査記録	研究記録（著書　シンポジウム等）
昭和40年	長崎県北松浦郡田平町平戸口	
41	熊本県天草郡新和町大多尾　　　〜43年	
42	長崎県北松浦郡黒島，九十九島 長崎県諌早市有喜町天神	科学研究費総合研究「西北九州におけるカトリック・キリシタンの総合的研究」分担者（研究代表者　野村暢清）
43	長崎県北高来郡江ノ浦 鹿児島県姶良郡加治木町 鹿児島県鹿児島市吉野村	日本民族学会　第7回研究大会（東洋大学）
44	熊本県天草郡五和町二江 長崎県南松浦郡上五島町青方青砂ケ浦	
45	長崎県南松浦郡新魚目町上小串・上立串	日本民族学会・日本人類学会　第24回連合大会（久留米大学） 『五島カトリックの家族分封』北川基金会
46	鹿児島県甑島再訪 熊本県天草郡新和町大多尾再調査	『西南九州の末子相続』塙書房
47	鹿児島・宮崎 長崎県五島列島	科学研究費総合研究A　「末子相続の総合的研究」（研究代表者）
48	長崎県南松浦郡新魚目町補足調査 長崎県南松浦郡岐宿町楠原，水ノ浦 長崎県南松浦郡奥浦村平藏郷浦頭 長崎県南松浦郡若松島土井ノ浦，里ノ浦，樫ノ口 長崎県南松浦郡奈留島樫木山　　　〜50年 長崎県南松浦郡久賀島内上ノ平 長崎県福江市下大津郷岸ノ上 長崎県西彼杵郡外海町黒崎郷河内	『末子相続の研究』弘文堂
49	上五島キリシタン地域	文学博士授与（早稲田大学）
50	長崎県南高来郡国見町 熊本県天草郡五和町二江	西日本文化賞受賞（西日本新聞社）
51	長崎県福江市下大津郷岸ノ上再訪	日本社会学会　会長講演 「いわゆる西南型家族について」
52	五島キリシタン故地	
53	長崎県五島列島若松島 長崎県西彼杵郡黒崎郷	
54	長崎県五島列島奈留島	『五島列島のキリスト教系家族』弘文堂
55	九州大学定年退官	九州大学最終講義「末子相続事始」

＊調査は複数年にわたっておこなわれているものもあるが，表には，調査に着手した年を中心に示した。

　相続に関する現地調査は，九州大学退職とともに終了している。

⑵　相続調査への取り組み

　晩年，内藤自身が九州における50年間の研究の軌跡を語ったところによると³⁾，末子相続を初めて体験した調査は，昭和36年，九州大学が「学術研究会」をスタートさせ，東シナ海の離島甑島がフィールドとして選ばれ，共同研究者である教育学部の吉田禎吾（人類学）と相談して，下甑島を調査したことに始まる。この時初めて，「いわゆる末子相続」に出会ったと述べている。

　それまで民俗学等の文献で，九州の西南部に末子相続の慣行があることは知っていたが，その当時，関東で育った先生は，相続は「長子家督相続」であるという既成概念にとらわれており，次男が跡をとっていたり，親が三男のところに隠居しているという事実を知っても，それは長子相続がうまくおこなわれないからであるとしか考えなかったという。さらに，甑島の調査は村を調査対象としていたので，村にある家や家族の現象を深く掘り下げなかったことを悔やんでおられ，10年後，甑島を再訪して，相続慣行の調査を実施されている。

　また，『村落社会研究』に所収された川口諦の論文「鹿児島農村の家族形態と土地所有」（1965年）に，大きな刺激を受けたとのことである。この論文は相続慣行がテーマとされており，鹿児島の農家では男子は成人になるとともに家を出ていき，父親の跡はどの子が継いでもよく，末子相続になることもあり，どの子も継がなくてもよく，高齢者だけの隠居世帯がみられるなど，世代継承に関して一定のルールがみられないことが述べられていた。

　内藤は，川口諦は経済学者であるが，この論文はきわめて社会学的であると感じた。しかし，残念ながら裏づけとなる資料を欠いている。社会学的研究のためには裏づけとなる資料が必要であると考え，末子相続慣行に関する調査を，長崎県北松浦郡田平町平戸口や熊本県天草下島の漁村からスタートさせたという⁴⁾。

　この2つの地域は，明治初期の『全国民事慣例類集』において，分家慣行の記載がみられる地域である⁵⁾。その調査報告論文が，「いわゆる末子相続の分析——ふたつの漁村の比較研究——」（野口英子・土居平との共著であるが，論文

末尾に，論文の構想と執筆は内藤先生で，資料の収集と整理が野口，土居とある。
1967年）と，「末子相続の家族関係的分析――熊本県天草郡新和町大多尾――」
（野口英子との共著，1967年）である。

　これらの九州西南部にみられる特異な末子相続慣行の調査は，いわゆる「家
族制度論」に対して批判を提示してみたいという目論見をもって始められ，今
後の問題展開の足掛かりを得ようとするものであった，と内藤は述べている。

　内藤は，この特異な末子相続は，末子相続制度としてあるのではなく，ケー
スバイケースでみられることから，「不定相続」と呼ぶことにしたという。そ
して不定相続を生み出す要因として，「文化型」と「村落体制」が考えられ，
第3に家庭内の人間関係を想定した。特に，第3の家族構造の文脈において，
① 子供が多いこと，② 父子の年齢差が小さいこと，③ 長男が出ていくと，次
男以下も次々となだれ式に分家して，結局，跡とりは最後の末子になることを
仮説として，調査した相続戸の実態を統計的に計数処理していった。

⑶　社会学的相続調査の手順

　内藤は，法社会学や民俗学における相続調査とは異なる，社会学的調査研究
を強く意識していた。その基本的な視点は，相続の慣行を調査することであり，
慣行がみられるのはそれぞれの地域であるので，いわゆる「村」を調査対象と
した。

　調査はまず，「村」の自治体に対して相続調査をおこなうことの了解を得る
ことから始まる。いわゆる調査地の設営である。自治体から了解を得たのちに，
その村の相続の実態に関する調査に入る。まず，その村にある現住戸に対して
悉皆調査をおこなうために，家系図を構成し，住戸を相続戸と分家に分け，相
続戸に対して聴き取り調査を実施する。

　われわれ調査協力者は，役場で戸籍簿・除籍簿をお借りして家関係を構成す
る作業をするのであるが，その際に，先生は戸籍簿を見ながら，「おかしいと
思われる家を見つけろ」と言われた。「おかしい家」と言われても，どんな家

がおかしいのかわからないので怪訝な顔していると，たとえば，記載された親の死亡届を役場に提出した子供の続柄が誰かを見てみろと言われた。それが長子以外であれば，長子相続とはズレた家であるかもしれないのである。「おかしい家」を見出すことはなかなか難しかったが，役場で現住戸の家関係図づくりを終えると，それを持参して戸別訪問し，詳細な相続の実態を聴き取っていくのである。

漁村での調査の場合は，遠洋漁業から帰村している時を狙って出かけ，短期間に聴き取り調査をおこなうことになる。漁民たちの多くは，久しぶりに家に帰って酒盛りをしていることも多く，調査はひとすじ縄ではいかなかったことを記憶している。

現在では，たとえ学術研究のためとはいえ，役場で人さまの戸籍簿などを見ながら現住戸の家関係の構成図を作成することは不可能に近い。半世紀前ゆえに可能だった調査手法であったが，役場の協力なしには成立しえない調査研究であったことはまちがいない。

以上が，内藤の末子相続研究の全体像を知るための概要である。

4．社会学的末子相続の研究

⑴　調査研究を支えた経費

現地調査のためには何といっても調査経費が必要である。調査経費に関して特記すべき点は，内藤は，文部省科学研究費総合研究「西北九州におけるカトリック・キリシタンの総合的研究」（研究代表者・九州大学教授　野村暢清）の研究分担者として，まず昭和42年に，長崎県黒島（現・佐世保市）において実態調査を実施している。次いで，それを補うような調査を，独自に長崎県上五島町で実施している。

昭和44年と45年に実施された五島列島の中通島青砂ケ浦のカトリック家族の調査には，筆者も参加したが，その調査結果をまとめて刊行されたのが『五島カトリックの家族分封』（北川基金刊行会，1970年）で，ことのほか思い出深い

書である。

　多少横道にそれるが，「北川基金」は，九州大学文学部社会学専攻の学生で
あった北川順子さんが，昭和39年に卒業を目前に病気で亡くなられ，ご家族か
ら研究に役立ててほしいと研究室に多額の寄付がなされ，それを原資としたも
のである。現在，「日本社会分析学会」として活動している学会の前身の「九
州大学社会学会」は，このことをきっかけとして誕生した組織である。した
がって，「九州大学社会学会」は，同窓会と研究活動をおこなう学会とを包み
込んだような組織であった。その後それを分離して，「九州大学社会学同窓
会」と「社会分析学会」が誕生した。その後「社会分析学会」は「日本社会分
析学会」と名称を変えて活動している。

社会学同窓会主催内藤先生還暦お祝い（昭和51年8月4日）。室見川ほとりの「三四郎」

　「北川基金」は，文学部において管理されていたが，学会活動ではそれほど
経費を使うようにはならず，会計係から「いつまでも預かっておくのは」と言
われ，刊行会として『五島カトリックの家族分封』を出版したとのことである。
同書は文学部社会学研究室で刊行した非売品である。

その後，内藤先生自身が研究代表者となり，昭和47年度科学研究費総合調査Aの補助金を得て，相続慣行に関する調査研究「末子相続の総合的研究」が，五島列島のカトリックにかかわる地域に集中しておこなわれていった。

⑵ 『哲学年報』（九州大学文学部紀要）にみる末子相続調査の軌跡

内藤先生は，調査を終えると，直ちにモノグラフを執筆しておられたので，毎年確実に刊行される九州大学文学部哲学科の紀要『哲学年報』は，その年の研究成果の格好の発表場所であった。相続調査が集中しておこなわれた時期の先生の軌跡を知るために，まず，『哲学年報』に執筆されたこの時期の論文を列記しておきたい。

- 第27輯（1968年）「相続形態の試論的分析——いわゆる末子相続を基軸として——」
- 第28輯（1969年）「いわゆる末子相続の家族周期的分析」
- 第29輯（1970年）「末子相続研究序説」
- 第30輯（1971年）「『家』と末子相続に関する覚書」
- 第31輯（1972年）「カトリック漁民の家族分封」（土居平共著）
- 第32輯（1973年）E. ボンヴァロ「アルザス地方の末子相続制」（翻訳）
- 第33輯（1974年）「上五島キリシタンの家族分封」
- 第34輯（1975年）「天草漁家の家族周期」
- 第35輯（1976年）「五島の隠居制家族——隠居と再隠居——」
- 第36輯（1977年）「キリシタン故地の家族慣行」
- 第37輯（1978年）「若松島の家族分封——キリスト教系島民の場合——」（坂本喜久雄共著）
- 第38輯（1979年）「奈留島キリシタンの家族分封」（野口英子共著）

1968年の「相続形態の試論的分析」は，論文の「はじめに」にも書かれてい

るように，相続慣行を調査するにあたって，「問題点を整理するために」書か
れたものである[6]。

　まず，法制度化された相続は，明治民法以後，家督相続に一元化されてきた。
抽象的には「家」の観念の家督相続ということになるが，それには3つの指標
が考えられる。

　1つは，家屋敷・家名・位牌など，いわゆる家の象徴とみられるものを承継
すること，2つは，親の老後を扶養すること，3つは，親の葬儀，あるいは祖
先・亡親の供養をおこなうことである。長子家督相続においては，これら3つ
がそろって，承継者＝扶養者＝祭祀者となっているが，いわゆる末子相続地域
においては，この3つがすべてそろっているとはいえない。家督相続と末子相
続とでは，同じ相続という言葉は使われていても，相続の性格をまったく異に
している。

　また，特殊な相続慣行として，末子相続以外にも姉家督や隠居分家の慣行が
ある。姉家督は長子家督への移行中の形態と思われるが，いずれも法制度的に
は逸脱した慣行で，このことから内藤はこれらの相続に対して「不定相続」と
いう用語を用いることにしたという。

　民俗学者や民族学者は，歴史的，地域的，階層的にこれらの多様な不定現象
を扱っているが，共通している点は，「家」という観念が育ちにくいという点
である。また，末子相続と隠居分家において最大の共通点は，財産の分割を
伴っている点である。

　先行研究によると，貧困という家族内の要因と，開墾の余地の有無や労働市
場の展開などの外的要因も，この種の相続形態を生み出す要因として考えられ
る。

　とりあえず，末子相続や不定相続の特徴を整理すると，①直系家族が成立
しにくい。核家族への傾向がある。②本分家といった，家関係のヒエラルヒー
が成立しにくい。③相続・分家に際しては，財産の分与を伴う。しかもこの
分割は，均分あるいはそれに近い。したがって跡とりの特権が希薄であるとな

り[7]，このような特徴を生み出す内的要因と外的要因とを考慮しながら，それ
ぞれの末子相続地域の慣行を調査する「具体的な仮説」が掲げられることにな
る。

⑶　末子相続調査研究の集成

　相続慣行に関する現地調査によって作成されたモノグラフが，『末子相続の
研究』（弘文堂，1973年）の根幹をなしているが，同書は，それまでの相続研
究を集約したものである[8]。いうなれば，内藤自身による「社会学的末子相続
研究」の一応の総括である。その具体的な内容については同書を参照していた
だくことにして，ここでは目次を列記することによって，その概要のみを示し
ておきたい。

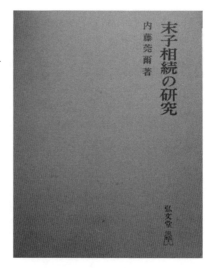

　内藤がこの書で提示した問題提起は，すでに述べたように，長子家督相続制度からは逸脱した偏倚例の分布を通して，日本の家族制度を再検討するところにあった。すなわち，日本の家族を「家」として規定する通説から，逸脱した家族が存在していることを，実態を踏まえて，社会学的に証明するところにあったといえる。

　「社会学的分析の特徴」として内藤が提示したのは，① 家族内の人間関係に注目し，家族周期の視点を取り入れること，② 事例を提示するだけではなく，計数的にとらえる努力をすること，③ そのためには，旧村＝部落を取り上げて，相続家族の悉皆調査をおこなう点にあった。

　研究者個人ではこのような大がかりな調査研究はできず，九州大学社会学研究室にその時々に所属していた助手や大学院生，さらには卒業生も協力して現地調査がおこなわれた。先生自身も，研究室の諸兄姉，および在学生諸君の手をわずらわせたので，成果そのものは研究室の共同所産と考える，と述べておられる9)。

　末子相続の研究を総括した『末子相続の研究』は，早稲田大学に学位請求論文として提出され，昭和49年10月に文学博士の学位（早稲田大学　第385号）が授与された。さらに，末子相続の研究は，昭和50年11月の，西日本新聞社主催の「西日本文化賞」の受賞につながり，『末子相続の研究』は，内藤先生の社会学的研究の金字塔となった。

　昭和51年10月には，先生は日本社会学会の会長に選出され，その会長講演の内容も，末子相続の研究に関する「いわゆる西南型家族について」であった10)。

5．五島列島調査

　日本の家族制度論を再検討するという目的で始まった相続調査研究は，末子相続を含む多様な相続形態が，各地に散見されることを実証的に明らかにすることで，ほぼ目的を達成したと考えられ，その後は，特定地域における特定の対象，すなわち長崎県五島列島のキリスト教系家族に対象を絞って，調査研究

がおこなわれるようになった。

　昭和47・48年度の科学研究費によって，五島列島のキリスト教系家族に関する調査が集中的におこなわれ，これらのモノグラフを集約して，『五島列島のキリスト教系家族——末子相続と隠居分家——』（弘文堂，1979年）が出版された[11]。

　同書には，五島列島のすべての島，具体的には，中通島（キリシタン），若松島（キリシタン及びカトリック），奈留島（キリシタン），久賀島（カトリック），福江島（カトリック）に加えて，コントロールグループとして，五島のキリスト教系島民の母村である長崎県西彼杵郡外海町（キリシタン及びカトリック）と福江島の仏教徒の村落の2か所が取り上げられている。

　またこの書では，キリスト教系家族の相続・分家の慣行を，「家族分封」という用語を用いて，分析フォームを統一して比較研究をおこなうことが目論まれている。また，長崎県，五島列島におけるキリスト教の歴史と，歴史に翻弄されたキリスト教徒の地域的移動も視野に入れている。

　家族分封の実態を分析する統一的フォームは，まず，藩政期における長子相続から逸脱した旧慣の検出が，「戸籍帳」や「除籍簿」などを用いておこなわれる。

　さらに資料を整理しながら，家屋敷の授受に関して，長男が家の継承者であるかどうか，家を継承したにしても，親がその家にとどまったか，親は家族を伴って別の家に移ったかによって，家族分封の類型化を試みる。

　家族分封の類型は，A長子相続，B隠居分家，C末子相続，混合型D，混合型Eの5つである。混合型DとEは，B隠居分家，C末子相続の変形で，長男が元の家に住むか，新しい家に住むか，およびB，Cどちらの類型からその家の相続が始まったかによって，便宜的に区別されたものである。

　そのうえで，それぞれの地域の，少なくともひとつの村の居住戸の悉皆調査がおこなわれていくのである。

　それぞれの地域の詳細な調査結果の分析は『五島列島のキリスト教系家族』

に譲ることとして，概要に関して，1981年に，内藤は『九州人類学会報』における「五島列島のキリスト教系家族」で，社会学的分析の結果の概要を述べているので，その紹介をしておきたい[12]。

① 五島列島には５千余戸のキリスト教系家族があり，五島全居住戸の17パーセント強に当たる。カトリックが11パーセント，隠れキリシタンが６パーセント強である。かれらの祖先たちは，近世の終わりに長崎本土の西海岸から移住してきた。長子相続は約２割，あとは末子相続と隠居分家とその亜型に属している。カトリックと隠れキリシタンという信仰別の差異はみられない。

② 当地の慣行は，特に末子相続に傾斜するものではなく，跡とりの続柄にはこだわらないという印象を受ける。続柄の問題より，完全隠居が高率を占め，親は独立した隠居世帯を維持して生涯を終わる。近代家族のように家族集団は夫婦１代限りで消滅して，核家族が順次分出する。こうした家系が４割に達している。

③ 日本的家族すなわち「家」のイメージは薄く，これを裏づけるように，相続財産は諸子均分が過半を占める。長男が相続した事例において，相続人が一括＝単独相続というのは１割程度で，長男相続は２割程度である。この状況もカトリックと隠れキリシタンの別はない。

④ このような特徴を，一部の人たちはキリスト教の教理に求めようとする。すなわち祖先崇拝の教理を欠き，人は神の前に平等であるというヒューマニズムがとりあげられ，均分相続の精神的支柱になったとする。これを否定するだけの宗教的知見，五島列島の教理的知見はもたないが，類似した慣行は，五島のキリスト教系家族だけのものではなく，奄美・薩南諸島から鹿児島に上陸し，九州の西海岸を北上して五島列島に達したと考えられ，宗教を離れて，「地域」の慣行として定着している。

⑤ 対象家族の相続的性格をはっきりさせるために，コントロールグループとして，同信仰・異地域（外海町黒崎郷），異宗教・同地域（福江島仏教徒

村落）をみると，黒崎郷には，現在もカトリックと隠れキリシタンが共住しており，末子相続はみられるが，隠居分家はみられない。福江島仏教徒村落には，分牌式の隠居分家はみられるが，末子相続は発見できなかった。

　五島列島のキリスト教系家族は，母村から末子相続の慣行を持ち来り，民俗学者が言うような五島列島の伝統的な慣行である隠居分家の方式を，五島列島に定住して学びとった，という仮説を提示することができる。また，末子相続も隠居分家もいわゆる「家」の相続からは離れており，末子相続は隠居分家に変容することが可能であったと考えられると，内藤は集約している。

6．九州大学文学部最終講義

　内藤先生は，昭和55年3月に63歳で定年を迎えられるが，その前年に，心筋梗塞で倒れられた。しかしながら驚異的な生命力で快復され，1月31日の最終講義は，医師の立会いのもとに執りおこなわれた。最終講義のテーマは「末子相続事始」で，その内容は，内藤莞爾教授退官記念事業委員会によって出版された『社会学論考』（御茶の水書房，1980年）に収録されている。

　最終講義では，「末子相続」はイギリスの民族学者フレーザーが，旧約聖書の中で，『創世記』第25章のヤコブの物語の中に末子相続を発見したことに始まり，日本において末子相続の慣行を発掘したのは中川善之助で，九州ではなく長野県の諏訪地方で，江戸時代の「宗門人別改帳」を縦につなげて，アトトリが長男ではなく末子のところに並んでくることを見出したことに始まる，と話し始められた。

　明治10年と13年に出版された『全国民事慣例類集』には，それぞれの地域の慣行が記されているが，「長男を分家させることがある」とされている地域が，全国で8か所あり，それは信濃国佐久郡，尾張国愛知郡，大和国芳野郡，備中国窪屋郡，土佐国土佐郡，日向国臼杵郡，肥前国高来郡，肥後国彼杵郡である。鹿児島については記述がないが，西南戦争で慣行調査どころではなかったと思われる。

内藤莞爾教授最終講義　九州大学文系箱崎キャンパス102号室（昭和55年1月31日）

　日向，肥前，肥後の九州の3か所では，「長男を分家し末子に相続させること多し」と明記されており，明治政府も認めるほど，末子相続制度は定着していたとしか考えられない[13]。

　フレーザー説の延長で考えれば，末子相続地域は畑作地域と重なり，経済・経営の合理性に反して，ヒューマニズムに基づいて土地を均分制で分割したために，貧農に甘んじざるを得なかったといえる。

　新民法では，女子も含めて均分相続となっているが，西南九州の末子相続の慣行は，古典的な近代家族であったということになる，と講義は締めくくられた。

7．内藤莞爾の末子相続研究から何を学ぶか

　九州大学を退職後，先生は東京の立正大学に赴任された。それまで九州の地にあって，フィールドと向き合いながら研究をしてこられたが，「この方面の研究は中止せざるをえないことになった」と思われた。そして立正大学での7年間の勤務を終えられ，再び九州に戻られた時，「とたんに，残しておいた末

子相続の研究が懐かしくなった」[14)]と思われた。1998年に『末子相続研究前史——中川説の鹿児島への適用——』，1999年に『いわゆる「末子相続論争」について　付論　不定相続に関する2，3の所見』を，相次いで私家本として出版しておられる。いずれも，20年前にはほぼ草稿は出来上がっていたとのことである。

『末子相続研究前史』には，日本における末子相続の研究は，昭和10年代の前半に始まり，柳田国男門下の民俗学者たちの文献は無視することはできず，相続形態を「特殊慣行」としてとらえて，特殊慣行のみられる地点を発掘した。これに対して中川善之助は，諏訪地方にみられる慣行の発掘とともに，実定法学の立場から，この慣行を理論的に整備したと述べられている。

内藤によると，昭和10年から40年までの末子相続の研究は「研究前史」であるという。『末子相続研究前史』では，中川説の相続理論を検討し，諏訪地方における相続理論の展開をフォローし，中川説の鹿児島への適用を，野久尾徳美の研究を手掛かりに試みている。

いわゆる前史の期間中，中川説は指導的な役割を果たしてきたが，それらの研究は，末子相続の特質を，相続する「人」にではなく，相続財産という「物」に求めている。家族構成や家族周期に視点を置いた末子相続の研究は，内藤社会学に始まることを暗に示唆しておられる。

『いわゆる「末子相続論争」について』は，1970年頃に，竹田旦対野口武徳論争と竹田旦対山路勝彦・渡辺欣雄論争の2つの論争があり，これらの論争は，内藤説に対して論争が挑まれた訳ではなく，いうなれば，民俗学対民族学の論争であったが，論争の中で内藤の研究が引き合いに出されていたことから，先生も，自らの立場を明確にしてコメントを出さねばならないと準備しておられた。それを整理して，『私家本』の形で世に問われたのである。

これらの私家本の出版をみると，末子相続の研究に対する熱意を，持続してもち続けておられたことがよくわかる。いいかえれば，足で稼いだモノグラフの積み重ねによって到達した「社会学的末子相続の研究」に対する，誇りと思

いが持続していたといえる。

　内藤莞爾の末子相続の研究は，制度的な家族論に対して，実際の家族の営み
にはズレがあることを提示することによって，制度論を批判しようとすること
から始まったが，キリスト教系家族の相続慣行を追い続けることによって，い
つしか，土地を追われた移動者が移住地で生活を確立していくなかで，母村の
相続慣行と新たな土地の相続慣行とを微妙に融合させながら，長子家督相続と
は異なる相続慣行をもつに至った，言うなれば「抵抗」の姿を書き留めるよう
に，内藤の取り組みは変化してきたように思われる。

　しかし，傍目にみれば「抵抗」の姿にみえるかもしれないが，それぞれの家
族においては，最もやりやすい方法をとった，自然の成り行きであったように
思える。

　内藤先生自らが，東京の地から遠く離れた九州の地で，生活を強いられるよ
うになったと思っておられたのではないかと思う。講義の中では，何となく中
央に対する周辺からの抵抗のようなものがあるように感じることが多々あった。
しかし，九州各地をフィールドとして歩きながら，九州での調査研究を積み重
ねていかれるなかで，次第に九州の地になじんでいかれた先生の生きざまが，
移動による相続慣行の変容という解釈と重なってみえる。

　先生は，末子相続の研究は，昭和30年代が準備期，40年代が最盛期，50年代
以降は退行期の印象をもっているが，この退行期においても，高齢化社会を迎
えて，相続慣行を高齢化に絡めて眺める視点，社会福祉の観点からの新しい胎
動が感じられる，と述べておられる[15]。

　あえて言えば，末子相続の研究で明らかにされた，権力や法規制に拘束され
ない，あるがままの家族の内的条件による姿が，財産を分割した小家族化とな
るという主張は，今日，法制度の変化と都市化の進展という外的条件によって，
核家族化が進展することを先取りしておられたようにも思える。

　末子相続の研究には，「家」という制度的な合理性を排して，あるがままの
家族愛に基づいた合理性が強調されていたが，法制度が，平等，均分が原則と

なった今日，家族そのものの合理性を追求すれば，はたして家族はどのような
かたちになるのであろうか。

　いろいろな意味で，内藤莞爾の末子相続の研究を，直接フォローすることは
不可能になった。しかし，社会的事実が，外的な条件によって拘束されながら，
内的な条件とのせめぎあいの中にみられるという視座は，相続慣行の研究に限
らず，多様な社会学的研究の視座であることは紛れもない事実である。

注

1）内藤の甑島調査の詳細に関しては，第Ⅲ章，44-45頁を参照のこと。
2）末子相続調査の日程が，「末子」と書かれていたという笑い話になった手帳で
　もあれば，正確なものが作成できるが，ご家族にお尋ねしたところ，残念ながら
　手帳類は保存されていないようであった。
3）内藤莞爾「九州50年よもやま話」『九州人類学会報』（九州人類学研究会）第30
　号，2003年，1-3頁。
4）同上論文，2頁。
5）内藤によると，風早八十二解題『全国民事慣例類集』（日本評論社，1944年）
　を参照したとある。
6）内藤莞爾「相続形態の試論的分析──いわゆる末子相続を基軸として──」
　『哲学年報』（九州大学文学部）第27輯，1968年，37頁。
7）同上論文，87頁。
8）『末子相続の研究』の刊行は，昭和47年度文部省科学研究費（研究成果刊行
　費）の補助を得てなされた。
9）それぞれの初出論文には，調査に協力した社会学研究室助手や大学院生の名前
　が記されている。順不同に列記すると，野口英子，土居平，瓦井治代，内藤考至，
　坂本喜久雄，小川全夫，米沢和彦および内藤先生の次女・明代さんが記されてい
　る。筆者も昭和44年に助手に就任して以降，調査に同行した。「なお資料の集
　計・整理には三浦典子（現在，九大大学院修士課程）の協力をえた」とある。内
　藤莞爾「上五島キリシタンの家族分封」『哲学年報』第33輯，1974年，37頁。
10）第50回日本社会学会大会における会長講演の内容が，「いわゆる西南型家族に
　ついて」『社会学評論』28巻4号，1978年，2-10頁である。
11）『五島列島のキリスト教系家族』は，昭和53年度文部省科学研究費（研究成果
　刊行費）の補助を得て刊行された。
12）内藤莞爾「五島列島のキリスト教系家族」『九州人類学報』（九州人類学研究
　会）第8号，1981年，19-20頁。

13) 内藤莞爾『社会学論考』御茶の水書房，1980年，383頁。

14) 内藤莞爾『末子相続研究前史——中川説の鹿児島への適用——』（私家本）1998年，102頁。

15) 内藤莞爾『いわゆる「末子相続論争」について　付論　不定相続に関する2.3の所見』（私家本）1999年，2頁。

V フランス社会学史への回帰

1．フランス社会学との縁

　内藤先生は，九州大学を定年退職される前年に心臓病に倒れられた。入院先の病院にお見舞いに行くと，先生の病室がたまたまエレベーターの近くにあり，エレベーターの開閉時に鳴る「チン」という音が，死者のために枕経を読みに来られた僧侶のたたく鐘の音かと思い，ヒヤッとするとおっしゃられていた。

　先生は在職中，何度も大病にかかられたが，その都度病魔を追い払われた。退職前の病気はかなり重篤なものであったが，それも追い払われ，昭和55年1月31日に，医師の立会いの下で，最終講義の時を迎えられた。

　退職後は立正大学に迎えられ，内藤先生の言われる末子相続の「ベルト地帯」である西南九州から遠く離れることもあり，健康的にもフィールドに出かけて調査研究をすることも難しくなられ，内藤莞爾の社会学は，研究方法や研究分野を大きく転換せざるをえなくなった。

　立正大学では，新明正道先生の後任として「理論社会学」の講座を担当されることになったが，「私は理論社会学者の器ではないので，フランス社会学史を手がけてみる」ことにされ，フランス社会学との縁が再び生まれたと述べられている[1]。

　先生は，旧制静岡高等学校でフランス語を第2外国語として専攻され，フランス語を選択する旧制高校生が少なかったこともあり，東京帝国大学入学後は，フランス語が堪能であることで重宝されたとのことである。

　当時の東京帝国大学文学部社会学研究室には，ドイツ語グループとフランス語グループがあり，フランス語グループには田辺寿利や古野清人がおり，両者

は日本におけるフランス社会学，とりわけデュルケム学派の研究の草分け的存在であった。フランス語グループに属される先生が，彼らの影響を受けられたことは当然と思われ，内藤先生のフランス社会学との縁は，学生時代に始まることになる。

2．九州大学への導き

しかしながら，内藤先生が昭和15年3月に提出された卒業論文は，「近江商人と浄土真宗」とのかかわりに関する論文で，周知のように，ドイツの社会学者M.ウェーバーの『プロテスタンティズムの倫理と資本主義の精神』に触発されたものであった。

この論文は，学生の卒業論文でありながら「宗教と経済倫理──浄土真宗と近江商人──」として，『年報　社会学』第8輯（1941年）に収録され，R. N.ベラーの『徳川時代の宗教』の，第5章2節「商人階級の経済倫理」[2]にも参照され，それ以外にも，多方面に反響を呼んだことは，前述したとおりである。

内藤先生の言葉によると，この論文が予想外の評判（？）となり，古野清人先生の知遇を得たとのことである。九州大学社会学研究室への就任は，当時，九州大学文学部の宗教学教授であった古野先生の引きが大きかったことが推測される。「1950年に九州大学に移ることとなったが，九州移籍に関しては複数の人脈があったが，最大は古野清人氏との因縁である」と述べておられる[3]。

古野清人は，福岡県，現在の宗像市の出身で，外交官を志して東京大学法学部に入学したが，文学部社会学科に移ったとのことである。しかし，当時の社会学科は，A. コントの東洋版ともいわれる建部遯吾の時代で，ある意味で社会学に失望して，宗教学・宗教史学科に転じたという。ところが当時の宗教学・宗教史学科の重鎮の姉崎正治の宗教学が，個人主義的宗教経験を柱としていることに飽き足らず，古野は友人の田辺寿利の勧めもあって，フランス社会学とりわけデュルケム学派に傾斜し，卒業論文は「エミル・デュルケムにおける宗教社会学理論」であった。そして4年後には，デュルケムの『宗教生活の

原初形態』上巻を訳出し，わが国における宗教社会学の草分け的存在となった人物である。

　第２次世界大戦中の昭和18年に，文部省直轄の「民族研究所」が発足し，古野は第３部（中部・西部アジア）と第５部（東南アジア・インド太平洋圏）の部長を兼任していた。内藤先生は，大学卒業後，民族研究所第４部の部長であった牧野巽の助手として，同じ組織に所属していた。

　戦後，古野は昭和23年に九州大学宗教学教授に就任しており，昭和25年の内藤先生の九州大学就任に関与したことが推測される。当時，古野は九州大学文学部に，社会学と宗教社会学の人文科学系の大学院「社会学コース」を設置することに尽力していたが，内藤先生も就任後はそれに協力するとともに，九州大学文学部の宗教学研究室と社会学研究室との共同研究も強固なものとなった。

　ところで，内藤先生の初期の研究論文をみてみると，1950年に『社会学評論』１巻２号に掲載された「中国家族の世代について——その問題と測定——」では，コムト（コント）について，1952年の社会学評論２巻４号に掲載された「年齢階級——特に漁村の若者組——」では，エルツの「死の表象」に触れておられ，それらの論文がフランス社会学に関する論文ではないにもかかわらず，この際にフランスの社会学者についてひとこと申しておきたいという，若き日の先生のペダンチックな側面をうかがうことができる。

　さらに，古野の紹介で，1952年に，クセジュ文庫の１冊として，ジャン・メゾンヌーヴ『社会心理』を翻訳出版しておられ，訳者のまえがきに「本訳書出版について種々御尽力くださった九州大学古野清人教授と原稿の整理に当られた同大学社会学研究室の諸兄とに謝意を表す」[4]と記されている。

　いずれにせよ，九州大学に着任した内藤先生は，古野清人を通じて関心をもったＥ.デュルケムの社会学やフランス社会学を中心に授業を進めていったようである。九州大学赴任当初の学生たちは，内藤先生の研究テーマは「デュルケム」とはっきりと認知しており，卒業後の仲間同士の集まりに「デュルケム会」という名前を付けていたらしい。後に，彼らが先生宅を訪問した際に，

「九大デュルケム会」と書かれた宴会場の写真を先生に見せたところ，「デュルケム会か。フフッ！」と，先生独特の含み笑いと笑顔が返ってきたとのことである[5]。

3. 九州大学におけるフランス社会学の授業

　われわれの時代も内藤先生の社会学の授業は，前述したように社会学講義は末子相続に関するものに集中していたが，社会学演習ではデュルケムの著作がテキストとして使われた。

　デュルケムの『社会学的方法の規準』 *Les règles de la méthode sociologique* は，1895年に出版され，日本では昭和22年に，田辺寿利による翻訳が創元社から出版されていたが，しばらく絶版となっていた。筆者が，教養課程を終えて社会学研究室に進学した昭和41年に，有隣堂出版から田辺寿利によって『社会学的方法の規準』が新たに翻訳出版された。この翻訳書を，社会学専門課程に進学した最初の学期の社会学演習のテキストとして，受講生皆で購入して用いることとなった。

　同書は，社会学の対象は「社会的事実」で，社会的事実は，個人の外部に存在し（外在性），外側から個人を拘束する（拘束性）という特徴をもつことが述べられており，周知のデュルケムの社会学方法論を知るための格好のテキストであった。

　しかし，その授業は，社会学の歴史も社会学の理論的特徴もまだ十分に学ぶ前のことで，社会学演習とはいえ，受講生が順番にテキストを読み進めるかたちで進められた。時折先生が，「そこは具体的に言うとどのようになるか」などと質問されたが，答えられるものはなく，先生がもっぱら解説されることに終始したように記憶している。テキストは購入したが，正直，デュケムの社会学とは何かはわからないままであった。

　次の学期に，今度はデュルケムの『自殺論』 *Le suicide* （1897年）がテキストとして用いられることとなった。現在では，宮島喬による現代口語訳の読み

やすい翻訳が出版されているが，その当時は，昭和7（1932）年に寶文館から出版された，鈴木宗忠・飛澤謙一訳があるのみであった。現在では違法かもしれないが，先生がお持ちの鈴木・飛澤訳の『自殺論』を，みんなでコピーして読むこととなった。

　当時のコピーは湿式で，まず1頁ずつポジのネガフィルムを撮影して，現像したフィルムを乾かしたうえで，原紙と湿式コピー用の用紙とを重ねてコピー機に差し込む作業を必要とした。このように手間暇かけて，いわゆる青刷りのコピーが完成することになる。

　当時，社会学演習の受講生は15名で，1頁を作成するために，フィルムを15回コピー用紙とともにコピー機を通すことになる。1コマの授業のためには何ページものコピーを必要とするために，社会学演習の授業は準備が大変であった。授業が終わると，先生から本をお借りして，次の週に用いるテキストをコピーしていった。

　『自殺論』の演習は，このように物理的に時間をかけて受講したこともあるが，自殺という社会現象を取り上げて，社会的事実としての自殺の原因を，社会的事実でもって解明するために，自殺統計を用いて「共変法」で説明がなされていくこともあって，『社会学的方法の規準』に比べれば，はるかに理解しやすいものであった。

　鈴木宗忠・飛澤謙一訳の『自殺論』は全訳で，社会学演習では，最初から少しずつじっくり読んでいった。原著者の序文にもあるように，デュルケムの社会学は，タルドの個人的・心理学的要素を含む社会学に真っ向から対抗するものであったが，自殺の社会学的原因や原因別の自殺類型について論じていくためには，自殺統計が不可欠であり，当時，「司法省統計課長タルド氏の非常な厚意によって，それを用いることができた」[6]と謝意が表されている。授業中にも，内藤先生がそのことを強調しておられた。

　『自殺論』では，緒論において，自殺の定義がなされ，集合的現象として自殺を扱うために，社会的自殺率を対象とするという同書の目的と，同書が，一

般的に自殺の原因と考えられている非社会的要因に関する編，自殺の社会的原因と社会型に関する編，社会現象としての自殺一般についての3編からなることが述べられている。授業の最初に，自殺とは何ぞや，自殺をどのように定義するかについて，熱のこもった意見交換をしたことがなつかしく思い出される。

『自殺論』の第1編は，のちに中央公論社から出版された宮島喬による翻訳[7]では，わずか6頁の抄訳になっているが，あとで振り返ってみると，第1編は『自殺論』の中で，社会学とはどのような学問であるかを感じるうえで最も面白い部分であったように思う。まず第1章「自殺と精神異常」では，偏執狂，精神錯乱，神経衰弱，アルコール中毒といった現象の増減や分布と，性別，宗教別，年齢別，国別の自殺率の増減・分布とが同じような傾向にみられるかどうかが考察され，結果的に精神異常と自殺とは関連がないことが示され，第2章「自殺と正常な心理的状態」では，たとえば人種や遺伝との関連が考察され，第3章「自殺と宇宙的要因」では，具体的には，気候，温度，季節，月，昼間の長さ，時刻，曜日と自殺率との関連が考察され，読み進めていくと，結果的に，社会活動の激しい人や社会活動が激しい時間と，自殺との関係がありそうだというところに導かれていくのである。

すなわち，個人的現象と思われがちの自殺が，デュルケムのいう社会学の対象である社会的事実で，いわば個人に外在する社会的現象であることに納得せざるをえなくなるような論の進め方である。そして第1編の最後に，タルドの社会学を意識して，第4章「模倣」が設けられている。模倣は，個人心理学上の要因であって，フランスの郡県別自殺，中央ヨーロッパにおける自殺の地理的分布をみると，「自殺は，ある中心点を遠ざかると次第に減少していくというように，その中心点を中心として，多少同心円的に分布されるはずだが，そうはなっていないで，反対に，大体同質的な，全く中心を欠いている大なる塊をなして分布して」[8]おり，模倣の影響の存在はないとしている。

こうして自殺の非社会的要因をことごとく排除して，第2編の社会的原因と社会型が提示されていく。『自殺論』において一般的に最も興味をひかれるの

は第2編である。社会的原因別の第1の自殺「利己的自殺」[9]においては，自殺と宗教との関係，教育的程度との関係，家族との関係が独身，やもめ，子供のない家庭，平均員数に関して考察され，政治的・国民的危機との関係が考察されている。「自殺は宗教社会，家族社会，政治社会の集成度に反比例する」ことが明らかにされ，危機における集団の集成に関心がおかれている。

　第2の自殺類型は「愛他的自殺」で，未開社会，軍隊を例にして，利己的自殺とは対照的に，集団の集成が過度に強固な状況と自殺との関連が述べられている。

　第3の「無統制的自殺」においては，経済上の危機において統制がきかなくなる状況が経済的無統制であるが，過度の経済的繁栄も経済的無統制を生み出し自殺率を高め，無統制は経済界においては慢性的になっていることを指摘している。また，やもめや離婚も自殺と関連しており，これらは家族的無統制である。無統制的自殺は集団における規範が拘束力をもたなくなっていることが原因で，これと対照的な，規範が拘束力をもちすぎる自殺タイプも想定され，デュルケムは注において，第4の過度の統制から生じる「宿命的自殺」を提示している。

　自殺論の最後の第3編において，自殺の現状は，「道徳的貧困の徴，社会の道徳的疾患で，個人と国家との間のすべての中間的集団が消失」していると述べ，自殺への対応として，中間的集団を再興することが必要であるとしている。ただし地域的地方分権は意義を欠いてきており，「国民的統一を破壊しないで，共同生活の中心を増加させることの出来る唯一の地方分権は，職業的地方分権と呼ぶことの出来る分権である」[10]として，同業組合を組織することを提案している。

　「自殺論」は，ここで終わっており，具体的な中間的集団に関する考察はおこなわれていないが，自殺の異常な増加と近代社会を冒している一般的不安は，中間的集団の喪失という同一の原因から生じると，示唆的な指摘をおこなっている。

　社会学演習では，１年間にわたって『自殺論』を読んだが，１頁ずつコピーをして資料を作成する作業もあり，丁寧に読んでいったこともあって，前期・後期の時間内には，最後まで読破するには至らなかった。しかしながら，受講生はみな，『自殺論』を通じて社会学の面白さを感じており，授業終了後も先生に本をお借りしてコピーし，学生たちのみで自主的に最後まで読破した。その時に作成した「青刷りのテキスト」は，50年以上も経つと，ところどころ薄れて読み取れない状態になっているが，今ではある種の「宝物」となっている。

　デュルケムの社会学を通じて，社会学についてある程度知ることはできたが，社会学についてもっと知りたいというわれわれの思いは，大学祭における「社会学とは何か」という研究室の学生主催のシンポジウムの開催に結びついた。

　社会学の歴史や隣接科学との比較など，学生たちそれぞれが学んだことを発表するとともに，社会学の先生方それぞれの「私の社会学」についてもうかがった。その後，社会学とは何か，どのような学問であるかについてディスカッションに入ったが，内藤先生以外の先生方は，いつのまにかどこかに消えていかれた。内藤先生だけは，最後まで私たちの議論にお付き合いいただいたが，社会学という学問に懐疑的な学生たちに対して，しびれを切らしたように，「お前たちの議論は，アンパンと饅頭を見比べて，どちらがおいしいかと言っているに過ぎない。本当に議論するのであれば，アンパンも饅頭も食ってから同じ土俵に上がってこい」と言われた。

　その時は，かなりショックであったが，言われることは至極当然で，いつかは同じ土俵に上がって議論しなければ，という思いを強くもつことができた。

４．大学紛争時のフランス社会学の翻訳

　1960年代後半になると，世界的にも国内においても，大学における学生たちの異議申し立て運動が激化していった。九州大学も同様で，文学部においては1969年４月20日に，文学部の学生たちが文学部の建物をバリケード封鎖した。

　筆者は，1969年３月に文学部を卒業し，４月より社会学研究室の助手に就任

した。1か月前までは学生の身分であったが，バリケード封鎖した学生たちに
とって，助手は「教官の手先」と位置づけられ，なんとも不安定な大学生活を
過ごすことになった。

　内藤先生にとっても，いわゆる大学紛争中は，研究教育に専念することが困
難な時代であった。この間，内藤先生は「学者としての良心のほんのわずかな
なぐさめは翻訳」であったと述べておられる。その成果が，1972年に北川基金
刊行会から出版されたR. エルツ，M. モースの『≪死≫の民族学』である。

　その中で，「わたしがはじめてエルツの本に接したのは，東大の学生時代の
ことであった。ちょうどエルツが『死の集合表象』に興味をもちはじめたとし
ごろに当たる。感銘を受けた本のひとつではあったが，今にして思えば，読み
すてにしたといった印象が強い。民族研究所に在職中わたくしは華南からイン
ドシナの民族研究を命ぜられ，当然，これらに散見する『洗骨』の風習には出
会わざるをえなかった。こんなとき，ふとエルツのことを思い出すこともあっ
たが，二重葬制のことは，ほかのモノグラフにたくさん出てくるので，エルツ
のイメージもうたかたのように消えてしまった」と。

　ところが30年を経て，大学紛争の時，学者としての先生の良心のほんのわず
かななぐさめは翻訳でもやるしかないと思い立たれたのであろう。「青春の
日々の感銘が，この異常事態で突然，目を覚ました，という気持ちが強い」と
述べておられる[11]。

　1928年に発表されたR. エルツの「≪死≫の集合表象」は，1960年に，
Rodney and Claudia Needham 夫妻により，*Dead and Right Hand* の書名で，
英訳が Cohen & West 書肆から出版されている[12]。

　エルツの≪死≫の集合表象については，学生時代に下訳らしきものがなされ
ていたものをきちんと翻訳しなおされたようであるが，同じく同書に収められ
ている M. モースの「≪死≫の集合的示唆」は，大学紛争後の翻訳である。

　また1971年に，R. カイヨワの『聖なるものの社会学』を弘文堂から翻訳出
版されているが，九州大学に在職中のフランス社会学への関心は，学生たちへ

の授業とこれらの翻訳に限られ，先生自身の実質的な研究は，いわゆる「末子相続」に集中されていたといえる。

5．立正大学におけるフランス社会学史研究

　九州大学退官後，先生は東京の立正大学へ就職され，長年続けられたフィールド研究から文献研究へと研究スタイルを大きく方向転換された。「5年前，立正大学に迎えられて，またフランス社会学との縁が生まれた。私の担当講座は理論社会学で，新明正道先生の後任であった。……私は理論社会学者の器ではないので，フランス社会学史を手がけてみることにした」[13]と，自身述べておられる。

　研究分野は大きく転換したが，九州大学において，日ごろの研究成果を文学部の紀要『哲学年報』に毎年発表してこられた姿勢は，立正大学においても継続された。立正大学時代における先生の研究を概観するために，立正大学の紀要に発表されたものを中心に，特にフランス社会学史に関する論文に限定して列挙してみると以下のとおりである。ちなみに斜体の論文は，他大学の紀要論文と学会誌論文である。

　　　1981年「『贈与論』その後：マルセル・モース研究」『立正大学文学部論叢』71号，
　　　　　3-26頁
　　　1982年「デュルケム学派の実像：L'Année sociologique の分析をとおして」『立
　　　　　正大学人文科学研究所年報』第20号，50-60頁
　　　1982年「モースにおける『全体人』の構成」『日本大学社会学論叢』第84号，
　　　　　1-19頁
　　　1982年「『贈与論』への道」『立正大学社会学・社会福祉学論叢』第17号，1-24
　　　　　頁
　　　1983年「『社会学年報』事始」『立正大学文学部論叢』75号，35-54頁
　　　1983年「晩年のデュルケム（上）」『立正大学人文科学研究所年報』第21号，
　　　　　46-54頁
　　　1983年「デュルケムにおける宗教概念の形成(1)」『立正大学文学部論叢』77号，

61-82頁

1984年「＜論説＞デュルケムにおける宗教概念の形成(2)」『立正大学文学部論叢』78号，35-58頁

1984年「晩年のデュルケム（下）」『立正大学人文科学研究所年報』第22号，1 -10頁

1984年「デュルケム学派における一般社会学と文明――デュルケムからモースへ(1)――」『社会学研究年報』（九州大学社会学会）13号，1 -14頁

1985年「デュルケム学派における一般社会学と文明――デュルケムからモースへ(2)――」『社会学研究年報』（九州大学社会学会）14号，1 -24頁

1985年「モース社会学の構図」『立正大学大学院紀要』（文学研究科）創刊号，33-40頁

1985年，内藤莞爾・阿部善雄・三友雅夫「贈与の理論的実証的研究：中間報告」『立正大学人文科学研究所年報』第23号，95頁

1986年「マルセル・モースの知的生涯」『立正大学文学部研究紀要』第 2 号，5 -47頁

1986年，内藤莞爾・三友雅夫・井上隆二「テーマ"贈与"の理論的・実証的研究：中間報告」『立正大学人文科学研究所年報』第24号，62頁

1987年，内藤莞爾・三友雅夫・井上隆二「贈与の理論的・実証的研究：中間報告」『立正大学人文科学研究所年報』第25号，39-40頁

1990年「まえがき　方法論的ノート」内藤莞爾・三友雅夫・井上隆二「贈与の理論的・実証的研究」『立正大学人文科学研究所年報』別冊第 7 号，2-9頁

1990年「デュルケム学派における超『社会』現象の処遇」『久留米大学比較文化研究科紀要』第 1 輯，87-136頁

1990年「『社会学年報』の構成と犯罪社会学の処遇（上）」『社会分析』（社会分析学会）18号，79-96頁

1991年「『社会学年報』の構成と犯罪社会学の処遇（下）」『社会分析』（社会分析学会）19号，107-122頁

これらのフランス社会学に関する論文を集めて，まず1985年に『フランス社会学断章――デュルケム学派研究――』（恒星社厚生閣）を出版された。フランス社会学と銘打っておられるが，デュルケムとモースに関する論考が中心で，

デュルケム学派を眺めるためにはこの2人が効果的であると考えておられたようである。

　当時，T. クーンの科学史の「パラダイム転換」が注目を浴びていることに刺激されてか，第1章に，学派や研究集団に観点をおいた社会学の展開に関する「デュルケム学派の実像」が置かれている。この章は，Y. ナンダンによって作成されたデュルケム学派の文献総目録（1977年）と，それを分析したP. ベナールの論文（1979年）に大きく依拠している。章末には，デュルケムを筆頭に47名の『社会学年報』の作業集団一覧表が掲載されている[14]。

　デュルケムのあとを継承した，フランス社会学の歴史を考察するにあたって，先生はフランスの社会学雑誌に掲載された論文を渉猟して考察を進めておられる。それらの論文は1970年代のものが多く，九州大学在職中に読んでこられたものであると思われる。それらを手がかりに，立正大学時代に次々と論文の形にしていかれたようである。ただ，先生は，それらの論文を評価するのではなく，彼らの主張する立場に立って論文を紹介するという姿勢に徹しておられる。

　これが内藤先生の研究スタイルであると思われるが，フランス語が苦手なものにとっては，フランス社会学の動向を客観的に知るためには，評価をしたものよりは，論文そのものの紹介のほうが役立つものである。

　ここでは，フランス社会学の歴史や，デュルケムのあとを継いだM. モース，さらにその後の社会学年報にかかわった社会学者について，先生がどのように論じてこられたかを改めてまとめることは，筆者の能力を超えるところもあるので差し控えたい。先生自身が多くの論文をまとめて著書の形で刊行しておられるので，それらを紹介しておきたい。

　『フランス社会学断章──デュルケム学派研究──』の後，1988年に『フランス社会学史研究──デュルケム学派とマルセル・モース──』（恒星社厚生閣），1993年に『デュルケムの社会学』（恒星社厚生閣），1994年には『デュルケムの近代家族論』（恒星社厚生閣）を，次々と著書の形にして出版されており，内藤先生のフランス社会学・フランス社会学史に関する研究内容については，

それらを参照していただきたい。

　ただ，「デュルケムにおける宗教概念の形成」の論考をみても，『デュルケム
の近代家族論』に関する考察をみても，先生は突き詰めたところ『自殺論』に
手がかりを求めておられ，デュルケムが『自殺論』で用いているデータを，先
生なりに再整理しておられることがわかる。やはりフランス社会学を論じるに
あたって，『自殺論』は，先生にとっても最も重要な著作であったことがうか
がわれることは特記しておきたい。

　思うに，先生が立正大学時代に，デュルケムやフランス社会学史に関して，
あれこれ思いを巡らせておられた時間は，先生にとっては若き日にもどってあ
れこれ思索にふける，至福の時であったと思われる[15]。

6.「贈与」の理論的・実証的研究

　立正大学時代の後期の昭和60年より，先生が代表者となって，史学部門（阿
部善雄），心理学部門（井上隆二），社会学・社会福祉部門（三友雅夫）で，共同
研究「贈与の理論的・実証的研究」に着手された。何といってもモースの最高
傑作[16]であると先生がいわれる，「贈与論」を念頭に置いての研究で，先生は
「贈与」概念を明らかにする理論的研究を受けもっておられた。先生の言葉に
よると，理論といってもマートンの不熟な用語「中範囲の理論」に近い[17]，実
証的研究を進めていくための理論的枠組みを提示しておられる。

　まず，贈与を交換の一種と考え，最終的には2人の当事者間の財の交換（表
Ⅴ－1）で，財は，物財に限らず，労働・サービス・献身などの肉体的な所作，
是認・尊敬・賞賛などの制度的事実，行為・愛情などの心理＝情緒的事実ま
でが含まれるが，社会学でいう交換は社会的交換に限られる。表Ⅴ－1の1は，
物財を与えて，物財で返すタイプであるが，当事者が物財の交換に人間関係へ
の意味をもたせるなら，それは社会的交換となる。当事者間の交換（表Ⅴ
－2）のdは，人間関係の考慮がなければ対象とはならない。

表V-1

交換財	当事者A	当事者B
1	物	物
2	物	非物
3	非物	物
4	非物	非物

出所：内藤，1990年，3頁

表V-2

	当事者A	当事者B
	物	物
a	情緒	情緒
b	用具	情緒
c	情緒	用具
d	用具	用具

出所：内藤，1990年，4頁

　このように，交換を整理したうえで，交換の一形態としての贈与に関して，贈与は物と物の相互移転であるが，「贈与」を，有賀喜左衛門による「公」と「私」の価値体系を用いて，「贈答」と「つきあい」に区別する。それが表V-3である。

　表V-3に示したように，贈答とつきあいの違いは明瞭で，「贈答」はハレの日のハレの場所でおこなわれ，ムラの生活では公として承認されていた。こうした贈答は，個人を超えた家や地域社会でなされ，義理というモラルが支配する。その行為は強制的，他律的となる。

表V-3

贈与	宗教	社会	道徳	論理	行為Ⅰ	行為Ⅱ
贈答	ハレ（聖）	公	義理	タテマエ	強制的	他律的
つきあい	ケ（俗）	私	人情	ホンネ	任意的	自発的

出所：内藤，1990年，6頁

　これに対してつきあいは，日常的な，おすそわけ，およばれ，寸借といった行為で，人間性のホンネに属するものであると整理しておられる。

　このように整理したうえで，共同研究では質問票を用いる調査に移ることになるが，つきあいは調査項目を選定することが困難であるということで，便宜的に物財の贈答に限って調査はおこなわれることとなった。

　共同研究では，具体的には，甲府盆地の西縁にある中巨摩郡の白根町におい
て，日本的な特徴である年中行事と推移儀礼の贈答から11項目が選ばれ，世帯
主もしくは配偶者に対して面接法で悉皆調査がなされた。残念ながら，昭和62
年3月で定年退職をむかえられた先生は，現地調査に参加されたかったに違い
ないが，この調査に参加することはできなかった。

　調査に先立つ「方法論ノート」の最後で，内藤先生は「蛇足と思われるが，
このあたりにも東西文化の差異が感じられる」として，「キリスト教下の西欧
では，贈与すなわち与えることに，独立の価値を認めている。いわゆる＜善行＞
のたぐいである。彼らにとって，神は絶対であるとともに，人間はもともと罪
を負うて，この世に現われた。すなわち原罪であり，人間は負目をもった存在
として規定された」[18]。人は神に対しておのれのもつものを捧げなければなら
ない。こうして供犠は神の子の義務として性格づけられ，神から反対給付を期
待するなどあろうはずがない。

　これに対して，日本人には，八百よろずの神はいても，唯一絶対神は存在し
ない。給付にも反対給付を期待している。お返しをしないことは，それ自身が
道徳的に悪とされた。恩に対する報恩が重視され，報恩は無限で，子々孫々に
至る義務とされた。お返しは「返礼」として，まさに礼のひとつになっている
と，東西の比較をおこなっている。西欧では与えることは善行であるのに対し
て，日本では返すことが礼である，と述べておられる。

　このように，フランス社会学者モースの贈与論から導き出された贈答調査の
作業仮説を想定する際にも，東西の宗教や道徳に根差した行為の比較に関心を
示しておられ，内藤社会学の根底に横たわる，比較宗教社会論の存在を感じる
ことができる。

注

1）内藤莞爾『フランス社会学断章——デュルケム学派研究——』恒星社厚生閣，
　1985年，218頁。

2）R. N. ベラー，堀一郎・池田昭訳『日本近代化と宗教倫理——日本近世宗教論——』未來社，1966年，176-188頁。

3）内藤莞爾「九州50年よもやま話」『九州人類学会報』第30号，2003年，1頁。

4）J. メゾンヌーヴ，内藤莞爾訳『社会心理』白水社，1952年，4頁。

5）昭和31年卒　水野淳，昭和32年卒　谷口宗文，昭和33年卒　石尾正「九大デュルケム会」『内藤莞爾先生の思い出——追悼文集——』2012年，58頁。

6）デュルケム，鈴木宗忠・飛澤謙一訳『自殺論』寶文館，1932年，XVII頁。

7）デュルケーム，宮島喬訳「自殺論——社会学的研究」尾高邦雄責任編集『世界の名著　47　デュルケーム・ジンメル』中央公論社，1968年，49-379頁。

8）デュルケム，鈴木・飛澤訳，前掲書，145頁。

9）それぞれの自殺は，宮島訳では利己的自殺が「自己本位的自殺」，以下，愛他的自殺が「集団本位的自殺」，無統制的自殺が「アノミー的自殺」と翻訳されている。

10）デュルケム，鈴木・飛澤訳，前掲書，512頁。

11）R. エルツ／M. モース，内藤莞爾訳『≪死≫の民族学』北川基金刊行会，1972年，127-128頁。

12）R. エルツ『右手の優越——宗教的両極性の研究——』は，吉田禎吾・内藤莞爾・板橋作美訳，垣内出版，1980年に収録。

13）内藤莞爾，前掲書，1985年，218頁。

14）同上書，21頁。

15）東京での内藤先生に身近に接しておられた次女の佐藤明代さんは，「内藤莞爾の社会学の次の号は，東京，立正大学の号とか。九州にいるときよりも，おだやかで，楽しそうだった父の顔を思い出しました」と述べておられた。

16）内藤莞爾『フランス社会学史研究』恒星社厚生閣，1988年，iii頁。

17）内藤莞爾「まえがき　方法論的ノート」内藤莞爾・三友雅夫・井上隆二「贈与の理論的・実証的研究」『立正大学人文科学研究所年報』別冊第7号，1990年，2頁。

18）同上論文，8頁。

VI 総括：内藤社会学に通底する比較宗教社会論

　内藤先生は，1978年に，宗教社会学に関する論文をまとめて『日本の宗教と社会』を出版されている。その第1章には，周知の卒業論文「宗教と経済倫理──浄土真宗と近江商人──」が改稿されて収録されている。第2章と第3章は，大学院の学生であった先生が，この卒業論文をきっかけに，本派（西派）本願寺に属する「日本教学研究所」の嘱託になられた折に執筆された論考である。「宗教講の問題」は，1943年に刊行された『日本教学研究所研究報告』第3輯として収録されたもので，「宗教講」の変遷を，当初，近世までたどる計画であったが，第2次世界大戦に突入して，中世までしか報告ができなかった[1]と述べておられる。戦後まもなく，現在の念仏講を確かめるために北陸で調査をした際の報告が「北陸念仏講調査記」（1954年）である。

　九州大学に着任されるまでは，先生の関心はもっぱら宗教現象にあったといえる。その後九州大学において，人類学・宗教社会学研究室と共同研究をおこなっておられ，末子相続の調査研究に没頭しておられるときにも，カトリックやキリシタンの居住する地域に，いわゆる末子相続の慣行がみられることに注目し，仏教徒の居住地域と比較してみるなど，東西の宗教間の比較を考えておられた。

　先生自身も「初期の固有の宗教現象の研究から，次第に家族の研究へと移行していった。しかし宗教は，のちになっても，いわば『赤い糸』をなしていた」[2]と述べておられ，日本の社会における宗教のあり方が，社会にどのように投影されているかを追究しておられた。

　先生は授業中に，最近の若い者は「宗教」に関心をもつものが少なく，宗教の分野を研究するものはいないと，残念がっておられた。しかし，学問分野に

ははやりすたりがあり，そのうち宗教研究も脚光を浴びる時がくるであろうと
も言われていた。

　確かに「浄土真宗と近江商人」は，ベラーが参照したこともあり，思いがけ
ず多方面に取り上げられた時期があった。その後，近江商人の，売り手よし，
買い手よし，世間によしの「三方よし」の経営理念は，近代的企業の経営理念
として取り上げられることが多くなったが，近江商人の経営理念と浄土真宗と
の関連について取り上げられることはなくなったかに思われる。

　ところで，山口県防府市に円通寺という浄土真宗の寺院がある。令和元年に
亡くなられた住職の児玉識先生は，京都大学文学部で哲学・宗教史を学ばれ，
山口県内の高校や水産大学校で勤務しながら，西日本地域における近世の真宗
史の研究を進められ[3]，平成10年より浄土真宗とかかわりの深い龍谷大学文学
部教授に就任され，平成17年に博士論文『近世真宗と地域社会』[4]を提出された。

　児玉先生は，近世の真宗史を研究する際に，これまでの宗教史の研究とは異
なる，地域社会における宗教集団に視点をおいて研究を進められ，『近世真宗
の展開過程　西日本を中心として』において，森岡清美の『真宗教団と「家」
制度』（1962年）に大きく触発されたことを述べておられる。森岡清美は『真
宗教団と「家」制度』において，内藤先生の卒業論文「宗教と経済倫理──浄
土真宗と近江商人──」について，「真宗の門徒の信仰が商人の間にも浸透し
ていったことを物語る優れたモノグラフである」と紹介しておられる[5]。同じ
く児玉先生も，内藤先生が真宗のエートスを近江商人に関して取り上げて，真
宗が西欧のプロテスタンティズムに対する日本における最も類似性をもつ形態
とされた点を高く評価しておられる。さらに，児玉先生は，内藤先生が富山県
の下新川郡の真宗念仏講を調査した際の調査記録である「北陸念仏調査記」に
も注目しておられる[6]。

　たまたま筆者が，防府市のローカル紙『ほうふ日報』に，毎月エッセーを掲
載している「社会学者の眼」に，論文「内藤莞爾の社会学」を執筆しているこ
とをつぶやいたところ[7]，児玉先生が，ぜひ論文を送ってほしいと連絡してこ

られた。そこで「内藤莞爾の社会学　その1」[8]の抜き刷りをお送りしたところ，児玉先生は，「若かりし頃，九州大学で宗教学の学会が開催されて出席した折に，内藤先生に会ったことがある。内藤先生の浄土真宗と近江商人の研究は，大変素晴らしいものであるが，その後それを受け継いで研究しておられる方はあるのか」と尋ねてこられた。

　その時は，「残念ながらおられないと思います」とお返事したが，2020年に，龍谷大学の窪田和美著『近江商人の生活態度――家訓・倫理・信仰――』（法蔵館）が出版され，求めて読んでみると，窪田は，内藤先生の「浄土真宗と近江商人」に触発され，内藤論文に欠けていた部分を補完することを目的として，実証的研究を進めてきたとのことで，『近江商人の生活態度』はそれらの研究をまとめたものであった。

　内藤先生の論考は，近江商人の生活態度が浄土真宗という宗教倫理から影響を受けていることに焦点をおいているが，『近江商人の生活態度』は，近江という地域性が，近江商人の生活態度を形成していることを明らかにする目的で執筆したものである，と窪田は述べている。内藤莞爾の社会学という観点からしても，大変興味深い著書であり，その中に，内藤先生が，平成2年に龍谷大学に招聘されて講演をおこなわれたことが明記されていた[9]。

　内藤先生が龍谷大学に招聘されたいきさつは，龍谷大学瀬田学舎の地域総合研究所（現・国際社会文化研究所）で，当時5か年の調査プロジェクト「地域社会の生活構造と住民意識の動態研究」に取り組んでおり，その調査研究の対象地が，滋賀県神崎郡五個荘町（現・東近江市）で，近江商人発祥の地のひとつであり，内藤先生が「宗教と経済倫理」で近江商人について論じておられることから，その研究成果を学ぶことになったという。また，そもそも龍谷大学は，浄土真宗の宗門大学であり，その意味でも縁があると，内藤先生を講演者として招聘されたという。

　内藤先生が龍谷大学でおこなわれた講演内容は，窪田の別の論文に克明に記録紹介されている。その中に，内藤先生は，龍谷大学大宮学舎図書館で卒業論

文の「結び」に引用されている「本願寺派宗制」に出会ったときには，「助かった」と，実感を込めて当時の心境を吐露されたとあり，その時の笑顔は，今でも記憶に残っている[10]と，内藤先生との交流の一端が述べられている。

龍谷大学での講演テーマは「近江商人と浄土真宗——比較社会学的試論——」である。講演のはじめに，浄土真宗や近江商人の話をすることは，50年前の古証文を披露することになると，講演の内容が卒業論文に依拠していることを述べておられる。また副題にある「比較社会学的試論」は，マックス・ウェーバーの『プロテスタンティズムの倫理と資本主義の精神』から卒業論文の構想が得られたことから，東西宗教の比較を念頭に置いてつけられたものであるとのことである。

講演記録をみると，講演は卒業論文に忠実に進められたようである。真宗の教義と門徒の生活態度および職業生活の宗教的意味づけは，真宗側のデータに依拠したが，教義が商人階層に浸透していった世俗的な形を問題として扱う際には，「説教本の類」をデータとしてフルに使ったとのことである。「幸い龍谷大学は400年焼けていない。龍谷大学の図書館に行けば説教本は残っているので，ご覧いただきたい」と述べられたとのことである[11]。講演に招聘された折に，何日も龍谷大学の図書館通いをされた若かりし日のことを，懐かしく思い出されたと思う。

ところで，龍谷大学の講演テーマの副題に，「比較社会学的試論」と付されているように，内藤莞爾の社会学には，宗教と社会のかかわりとともに，東西宗教，西欧のキリスト教と日本の仏教との対比という視点が通底して存在していたといえる。晩年になって，フランスの社会学者モースの「贈与」から導き出された作業仮説を，日本農村において検証する際にも，キリスト教と仏教にみられる価値規範の対比を念頭に置いておられたこともひとつの証拠である。

50年以上にわたる内藤社会学に通底するものは，まさにこの宗教と社会のかかわりにあったことを確信することができる。あえて推測すれば，仏門に生まれながら学者の道を歩む人生を選択した内藤先生の，せめてもの仏教界に対す

る罪滅ぼしとでもいえ，日本の宗教界に対するささやかな貢献のつもりであったのではなかろうか。

　社会調査協会の『社会と調査』のコラム「調査の達人」に，内藤莞爾についての執筆依頼を受けて原稿を執筆するとともに[12]，それを機に，内藤先生の研究の足跡をたどりながら，内藤莞爾の社会学を自分なりにまとめてきた。これが，たどりついた「総括」である。

注

1）内藤莞爾『日本の宗教と社会』御茶の水書房，1978年，264頁。
2）同上書，2頁。
3）児玉識『近世真宗の展開過程　西日本を中心として』吉川弘文館，1976年。
4）児玉識『近世真宗と地域社会』法蔵館，2005年。
5）森岡清美『真宗教団と「家」制度』創文社，1962年，70-71頁。
6）児玉識，前掲書，2005年，19頁，205頁，209頁。
7）小谷典子「大学図書館」『ほうふ日報　社会学者の眼　66』平成30年2月28日付。
8）三浦典子「内藤莞爾の社会学　その1――社会調査への誘い――」『やまぐち地域社会研究』（山口地域社会学会）15号，2018年，1-16頁。
9）窪田和美『近江商人の生活態度――家訓・倫理・信仰――』法蔵館，2020年，21頁。
10）窪田和美「九州大学名誉教授　故内藤莞爾先生講演録『近江商人と浄土真宗――比較社会学的試論――』をめぐって」『龍谷大学論集』485号，2015年，118頁。
11）同上論文，124頁。
12）三浦典子「Column 調査の達人　内藤莞爾――村落調査から末子相続研究へ――」『社会と調査』No.22，2019年，120頁。

エピローグ——「内藤莞爾の社会学」の継承

　九州大学において内藤社会学から学んだことは何であったのであろうか。個人的には『自殺論』で学んだ自殺の社会的原因としての「アノミー」は，自殺を増加させるのみならず，近代化のもたらすさまざまな社会問題と密接にかかわる概念であり，現代社会の特徴を解明する概念として惹きつけられるものがあり，卒業論文『アノミー理論の現代的課題——社会的・心理的アノミーの統合を求めて——』を取りまとめることができた[1]。

　この卒業論文は，内藤先生から学んだデュルケムの社会学を，ひそかに越えようという目論見もあった。すなわち，個人を自殺のような逸脱的行為へと向かわせる社会的原因としてアノミー状況があることは認めるにしても，アノミー状況にあるすべての個人が自殺するわけではない。個人を逸脱的行為に向かわせる個人的，心理的な要因もあるはずである。デュルケムは，心理的要因を極力排除して社会的事実に焦点をおいて，「社会学」を独立科学たらしめようとしたが，現実の社会問題を分析するためには，個人と社会との接点に焦点をおいて，アノミー概念をさらに有効な概念とする必要があるのではないかと考え，アノミー理論を再構築しようと目論んだ。

　卒業論文での模索は，個人と社会との接点に焦点をおいた「生活構造」という概念との出会いとなり，その後の私の研究は，生活構造分析を通じて，近代化，都市化によって変化していく地域社会の現状分析を試みる方向へと進んでいった。内藤先生には大変申し訳ないが，直接的には，フランス社会学にも宗教社会学にも私の研究は向かわなかった。

　しかしながら，私が九州大学で社会学を学んできた時期は，日本の近代工業化を根底で支えてきたエネルギーが，石炭から石油へと転換する時期で，福岡県には，日本の石炭産業の中心地のひとつであった筑豊地域や三井三池炭鉱があり，石炭産業の衰退は，地域から企業が撤退するという現実として現れ，地

域社会に多大な影響をもたらしはじめていた。

　企業と地域社会とのかかわりをみていくと，企業の地域政策と，その背景にある企業の経営理念によって，地域社会への影響が大きく左右されていることがわかった[2]。日本の企業の経営理念に注目してみると，特に，「自利利他の経営理念」は，その根源のひとつを江戸時代の近江商人の「三方よし」の経営理念に見出すことができる。「三方よし」とは，「売り手よし」「買い手よし」「世間によし」の考えである。江戸時代，閉鎖的な他地域に出かけて行って商いをするにあたって，「訪問していく地域によいように」という経営理念が，近江商人の繁栄をもたらしたことは事実である。また，今日まで発展している企業の中に，近江商人にルーツをもつものも多い。こうして企業の経営理念と社会貢献に関する私の研究は，再び，内藤莞爾の社会学との接点をもつこととなり，ささやかながら，内藤社会学の一端を継承することができたのではないかと思っている。

　ところで，大学紛争後の九州大学社会学研究室は，多くの学生や大学院生の集まる場所であった。卒業間際に病で亡くなった学生の家族から寄せられた志によって，「北川基金」が設立され，昭和41年に九州大学社会学会が創設された。私が社会学研究室で学んでいた時期には，隔月，研究例会がおこなわれていた。例会は，九州大学を訪問された著名な内外の社会学者の話を聞く場でもあったが，多くは大学院生が研究報告をする場であった。先生方からは，研究報告に対して，毎回厳しいご意見をいただき，研究例会は大変緊張する場であったが，大いに鍛えられた。しかしながら，研究者として自立していくうえでは，重要な経験をさせていただく場であったと思う。とりわけ内藤先生の批評は，まことに的を射た独特の言い回しで，たとえば，論点が整理されていないと「五目飯だ」とか，2人の共同報告がうまく連携されていないと「ピントのズレた二眼レフだ」など，その当時は，「内藤語録」を作成したら面白いだろうと思っていた。

　九州大学の卒業生だけでなく，他大学から進学してくる大学院生も多く，大

学院生と学部学生とでソフトボールの対抗試合ができるほどであった。写真は昭和48年ごろの社会学研究室のソフトボール大会後のひと時のものである。この写真に写っている大学院生の多くは，大学院修了後，社会学研究者としての道を歩み，現在では，ほとんどが定年退職を迎えている。遅まきながら，内藤莞爾先生に教えを受けたものを代表して，先生の学恩に対して心よりお礼を申し上げたい。

前列左から2人目のネクタイ姿が内藤莞爾先生。その右隣りが筆者である

注

1）三浦典子「アノミー理論の現代的課題——社会的・心理的アノミーの統合を求めて——」卒業論文。概要版，1969年4月『九州大学新聞』（九州大学新聞部）第592号所収。

2）企業の社会貢献や，企業家の経営理念に関する研究の主なものは，三浦典子『企業の社会貢献とコミュニティ』ミネルヴァ書房，2004年，三浦典子「日本の

企業家におけるフィランソロピーの原型」山岸健責任編集，草柳千早・澤井敦・鄭暎恵編『逍遙する記憶──旅と里程標──』三和書籍，2007年，三浦典子『企業の社会貢献と現代アートのまちづくり』渓水社，2010年である。

内藤莞爾先生の略歴と主な研究業績

内藤莞爾先生略歴

大正 5 年 8 月 4 日	静岡県駿東郡（現在の沼津市）原町にて誕生
昭和11年 3 月	静岡高等学校文科卒業
15年 3 月	東京帝国大学文学部社会学科卒業
15年 4 月	茨城県女子師範学校・茨城県立水戸第二高等女学校教諭
18年 8 月	民族研究所助手
19年 9 月	東京帝国大学大学院（社会学）修了
22年 8 月	文部事務官
24年 8 月	神戸大学助教授
25年10月	九州大学文学部講師
26年 5 月	九州大学文学部助教授
35年 3 月	九州大学文学部教授
40年 1 月	九州大学学生部長
43年 6 月	九州大学教育学部附属比較教育文化研究施設に併任
44年 4 月	九州大学文学部附属九州文化史研究施設に併任
44年 7 月	九州大学評議員
45年10月	九州大学文学部長
49年10月	文学博士（早稲田大学）
49年12月	日本学術会議会員（第10期）
50年11月	西日本文化賞受賞
51年10月	日本社会学会会長
55年 3 月	九州大学退官
55年 4 月	立正大学文学部教授
62年 3 月	立正大学退職
平成元年 5 月	勲二等瑞宝章受章
その後	平成10年 3 月まで久留米大学大学院比較文化研究科において研究指導
22年 9 月17日	福岡市にて逝去

主な研究業績

I 著書

1　1943『宗教講の問題──社会学的試論──』（日本教学研究所報告　第３輯）。
2　1959『レヴィ-ブリュール』（人と業績シリーズ　12）有斐閣。
3　1968『改稿・宗教と経済倫理──浄土真宗と近江商人──』私家本。
4　1970『五島カトリックの家族分封』北川基金刊行会
5　1971『西南九州の末子相続』（村落社会研究叢書　第２輯）塙書房。
6　1973『末子相続の研究』弘文堂。
7　1978『日本の宗教と社会』御茶の水書房。
8　1979『五島列島のキリスト教系家族──末子相続と隠居分家──』弘文堂。
9　1980『社会学論考──実証研究の道標──』御茶の水書房。
10　1985『フランス社会学断章──デュルケム学派研究──』恒星社厚生閣。
11　1988『フランス社会学史研究──デュルケム学派とマルセル・モース──』恒星社厚生閣。
12　1993『デュルケムの社会学』恒星社厚生閣。
13　1994『デュルケムの近代家族論』恒星社厚生閣。
14　1996『鹿児島農家の家族構成──とくに高年型核家族の問題──』私家本。
15　1996『本論　検証・戸田貞三氏の「家族構成」　付論　点描・戸田貞三氏の家族学説』私家本。
16　1998『末子相続研究前史──中川説の鹿児島への適用──』私家本。
17　1999『いわゆる「末子相続論争」について　付論　不定相続に関する２，３の所見』私家本。
18　1999『未定稿　鹿児島の高齢者農家』私家本。

II 編書

1　1952『社会学史』（阿閉吉男と共編）学苑社。
2　1957『社会学史概論』（阿閉吉男と共編）勁草書房。
3　1957『社会学要論』関書院。
4　1973『社会学入門』川島書店。
5　1980『日本社会の基礎構造』（近沢敬一・中村正夫と共編）アカデミア出版会。

III 訳書

1　1945，P．グルー『仏印の村落と農民　上巻』（東亜研究叢書　第22巻）満鉄調査局，生活社。

2　1952，J. メゾンヌーヴ『社会心理』（文庫クセジュ）白水社。
3　1953，M. ウェーバー『社会学の基礎概念』（阿閉吉男と共訳）角川文庫。
4　1956，C. プロヴォ『人材の選び方』（文庫クセジュ）白水社。
5　1959，E. バージェス「社会学研究法」『20世紀の社会学』第 4 巻，誠信書房。
6　1971，R. カイヨワ『聖なるものの社会学』弘文堂。
7　1972，R. エルツ／M. モース『≪死≫の民族学』北川基金刊行会。
8　1973，E. ボンヴァロ「アルザス地方の末子相続制」『哲学年報』第32輯，13-40頁。
9　1978，G. P. マードック『社会構造——核家族の社会人類学——』（監訳）新泉社。
10　1980，R. エルツ『右手の優越——宗教的両極性の研究——』（吉田禎吾・板橋作美と共訳）垣内出版。
11　1990，E. デュルケム『法社会学論集』恒星社厚生閣。

Ⅳ　論文

1　1941「宗教と経済倫理——浄土真宗と近江商人——」『年報　社会学』第 8 輯，243-286頁。
2　1943「安南村落」『東亜社会研究』第 1 輯，生活社，320-380頁。
3　1944「猺民の村落生活」『民族学研究』新 2 巻 4・5 合併号，34-48頁。
4　1949「文献解説　社会調査」『季刊社会学』2 号，82-87頁。
5　1950「中国家族の世代について——その問題と測定——」『社会学評論』1 巻 2 号，116-13頁。
6　1951「漁村の労働関係とその社会的基礎」『哲学年報』第11輯，64-92頁。
7　1952「資料　年齢階級——特に漁村の若者組——」『社会学評論』2 巻 4 号，49-54頁。
8　1952「フランス社会学」『社会学史』（阿閉吉男と共編）学苑社，75-138頁。
9　1953「社会成層の研究について——序説——」『哲学年報』第14輯，374-415頁。
10　1953「社会学方法史」東京社会科学研究所編『社会学の基礎』日本書院，9-25頁。
11　1954「近郊農民の一面——一つのメモ——」『哲学年報』第16輯，129-185頁。
12　1954「北陸念仏講調査記」『哲学年報』第15輯，76-102頁。
13　1954「調査法概説数種」西部社会学会『研究通信』第 1 号，9-10頁。
14　1955「社会における村落研究」村落社会研究会『村研年報』第 2 輯，232-236頁。
15　1955「社会調査」樺俊雄・阿閉吉男編『社会学』同文館，331-365頁。
16　1956「理論研究の位置と展望」林恵海教授還暦記念論文集『日本社会学の課

題』有斐閣，17-35頁。

17 1956「ギュルヴィッチ」『理想』第276号，30-32頁。

18 1958「社会成層と欲求水準」『グループ・ダイナミックス』第4輯，29-60頁。

19 1958「社会学の発展」『社会学の歴史と方法』（「講座　社会学」第9巻）1-59頁。

20 1958「消費と賭博──R. カイヨワの所論をめぐって──」西部社会学会『研究通信』第6号，1-5頁。

21 1959「喜界島の生産構造」九学会連合『奄美──自然・文化・社会──』日本学術振興会，275-301頁。

22 1959「実証主義──社会学の成立を含めて──」『機械の時代』（講座「社会思想史」Ⅴ）223-246頁。

23 1960「経営階層の社会学的分析Ⅰ──農村社会成層の研究──」『哲学年報』第22輯，121-160頁。

24 1960「研究ノート　汝南賓興について」『社会学評論』10巻2号，106-113頁。

25 1961「経営階層の社会学的分析Ⅱ──農村社会成層の研究──」『哲学年報』第23輯，295-332頁。

26 1962「棄権の実態──政治社会学への接近──」『哲学年報』第24輯，1-120頁。

27 1964「社会調査」樺俊雄編『社会学読本』実業之日本社，174-191頁。

28 1965「農民意識の実態──そのオープン・システムをめぐって──」潮見実教授退官記念論文集『社会の科学』51-64頁。

29 1965「離島村落の社会人類学的研究」（吉田禎吾と共同執筆）『民族学研究』30巻3号，209-227頁。

30 1965「大衆社会における人間の問題」社会分析研究会編『社会学』誠信書房，212-228頁。

31 1966「都市周辺農村の未来像」『教育と医学』第14巻10号，36-41頁。

32 1967「華南宗族の婚域について」『哲学年報』第26輯，215-228頁。

33 1967「組織と官僚制」社会分析研究会編『現代社会学講座』誠信書房，171-184頁。

34 1967「いわゆる末子相続について」『村落社会研究』第3集，253-290頁。

35 1967「いわゆる末子相続の分析──ふたつの漁村の比較研究──」（野口英子・土居平と共同執筆）『社会学研究年報』（九州大学社会学会）第1号，1-17頁。

36 1967「末子相続の家族関係的分析──熊本県天草郡新和町大多尾──」（野口英子と共同執筆）『社会と伝承』第10巻3号，1-20頁。

37 1968「近世初期長崎の家族動態」『社会学評論』19巻1号，83-104頁。

38 1968「相続形態の試論的分析──いわゆる末子相続を基軸として──」『哲学年報』第27輯，37-132頁。

39 1968「カトリック島の相続慣行──長崎県黒島の末子相続──」『宗教研究』195号，1-24頁。

40　1968「いわゆる末子相続の諸問題」『民族学研究』33巻1号，103-164頁。

41　1969「西九州農村の末子相続」『九州文化史研究所紀要』第14号，65-107頁。

42　1969「いわゆる末子相続の家族周期的分析」『哲学年報』第28輯，103-164頁。

43　1970「末子相続研究序説」『哲学年報』第29輯，53-145頁。

44　1970「鹿児島農家の世代継承――いわゆる末子相続の分析――I」『民族学研究』35巻1号，25-51頁。

45　1970「鹿児島農家の世代継承――いわゆる末子相続の分析――II」『民族学研究』35巻2号，139-147頁。

46　1970「上五島カトリック家族の相続慣行」（土居平と共同執筆）『西日本宗教学雑誌』創刊号，23-28頁。

47　1971「『家』と末子相続に関する覚書」『哲学年報』第30輯，1-53頁。

48　1971「鹿児島農家の相続と家族周期――いわゆる末子制の検討――」九州大学『比較教育文化研究施設紀要』第22号，1-44頁。

49　1972「家族の構造・機能とその変化」『教育と医学』第20巻5号，4-10頁。

50　1972「東寺光明講とその経営」古野清人教授古稀記念論文集『現代諸民族の宗教と文化――社会人類学的研究――』社会思想社，439-464頁。

51　1972「カトリック漁民の家族分封」土居平と共同執筆『哲学年報』第31輯，41-91頁。

52　1973「筑前旧村箚記」喜多野清一博士古稀記念論文集『村落構造と親族組織』未來社，343-372頁。

53　1973「末子相続の族制的文脈――比較民族学的考察――」『九州人類学会報』（九州人類学研究会）創刊号，1-6頁。

54　1974「上五島キリシタンの家族分封」『哲学年報』第33輯，35-90頁。

55　1974「隠居制家族の問題――隠居と再隠居――」『九州人類学会報』第2号，49-51頁。

56　1975「天草漁家の家族周期」『哲学年報』第34輯，149-178頁。

57　1975「島原半島の末子相続」（山田成良と共同執筆）『社会学研究年報』第6号，1-21頁。

58　1975「書評論文　古野清人著作集（全8巻，1972～74，三一書房）」『社会学評論』26巻1号，83-92頁。

59　1976「五島の隠居制家族――隠居と再隠居――」『哲学年報』第35輯，27-87頁。

60　1976「甑島再訪」九州大学内藤莞爾博士還暦記念　学会創立10周年記念特集『現代社会学の成果と課題』（社会学研究年報，第7・8合併号）1-11頁。

61　1977「五島の分牌式家族慣行」『九州人類学会報』第5号，42-53頁。

62　1977「五島の分牌式隠居慣行」『九州文化史研究所紀要』第22号，251-279頁。

63　1977「キリシタン故地の家族慣行」『哲学年報』第36輯，1-46頁。

64　1978「若松島の家族分封――キリスト教系島民の場合――」（坂本喜久雄と共

同執筆）『哲学年報』第37輯，25-82頁。

65　1978「いわゆる西南型家族について——第50回日本社会学会大会における会長講演——」『社会学評論』28巻4号，2-10頁。

66　1978「五島キリスト教系住民の母村——その家族慣行——」阿閉吉男教授退官記念『近代社会学の諸相』お茶の水書房，492-524頁。

67　1979「奈留島キリシタンの家族分封」（野口英子と共同執筆）『哲学年報』第38輯，1-53頁。

68　1981「『贈与論』その後——マルセル・モース研究——」『立正大学文学部論叢』71号，3-26頁。

69　1981「鹿児島農家の相続慣行（その1）」『立正大学社会学・社会福祉学論叢』6号，1-25頁。

70　1981「五島列島のキリスト教系家族」『九州人類学会報』第8号，19-20頁。

71　1982「人と学問　牧野巽」『社会人類学年報』Vol. 8，97-113頁。

72　1982「デュルケム学派の実像——L'Année Sociologique の分析をとおして——」『立正大学人文科学研究所年報』第20号，50-60頁。

73　1983「『社会学年報』事始」『立正大学文学部論叢』75号，35-54頁。

74　1983「デュルケムにおける宗教概念の形成(1)」『立正大学文学部論叢』77号，61-82頁。

75　1983「晩年のデュルケム（上）」『立正大学人文科学研究所年報』第21号，46-54頁。

76　1984「デュルケムにおける宗教概念の形成(2)」『立正大学文学部論叢』78号，35-58頁。

77　1984「晩年のデュルケム（下）」『立正大学人文科学研究所年報』第22号，1-10頁。

78　1984「デュルケム学派における一般社会学と文明（前編）——デュルケムからモースへ——」『社会学研究年報』（九州大学社会学会）13号，1-14頁。

79　1985「デュルケム学派における一般社会学と文明（後編）——デュルケムからモースへ——」『社会学研究年報』（九州大学社会学会）14号，1-24頁。

80　1985「モース社会学の構図」『立正大学大学院紀要』創刊号，33-40頁。

81　1985「私と家族研究——末子相続をめぐって——」『社会学雑誌』（神戸大学社会学研究会）第2号，151-172頁。

82　1985「日本の伝統的核家族」『立正大学人文科学研究所年報』第23号，42-49頁。

83　1986「1931年の日本社会学」『立正大学文学部論叢』84号，15-47頁。

84　1986「マルセル・モースの知的生涯」『立正大学文学部研究紀要』第2号，5-47頁。

85　1987「西南型家族考」『立正大学社会学・社会福祉学論叢』21号，1-17頁。

86　1987「贈与の理論的・実証的研究：中間報告」（三友雅夫・井上隆二と共同研

究）『立正大学人文科学研究所年報』第25号，39-40頁。

87　1989「『贈与論』への道」『九州人類学会報』第17号，21-32頁。

88　1990「贈与の理論的・実証的研究」（三友雅夫・井上隆二と共同研究）『立正大学人文科学研究所年報』別冊第7号，1-99頁。

89　1990「まえがき　方法論的ノート」「贈与の理論的・実証的研究」『立正大学人文科学研究所年報』別冊第7号，2-9頁。

90　1990「『社会学年報』の構成と犯罪社会学の処遇（上）」『社会分析』（社会分析学会）18号，79-96頁。

91　1991「『社会学年報』の構成と犯罪社会学の処遇（下）」『社会分析』（社会分析学会）19号，107-122頁。

92　1990「デュルケム学派における超『社会』現象の処遇」『久留米大学比較文化研究科紀要』第1輯，87-136頁。

93　1995「再相続の話」『社会分析』22号，1-18頁。

94　2003「九州50年よもやま話」『九州人類学会報』第30号，1-3頁。

＊内藤莞爾先生の略歴と主な研究業績は，内藤莞爾博士還暦記念　学会創立10周年記念特集『現代社会学の成果と課題』（社会学研究年報，第7・8合併号）1976年，内藤莞爾『社会学論考──実証研究の道標──』御茶の水書房，1980年，および，追悼文集刊行発起人会『内藤莞爾先生の思い出──追悼文集──』城島印刷（福岡市）2012年に，それぞれ記載されている略歴と研究業績を参考に，修正，補充して作成した。

初出一覧

本書のもととなった論文の初出は，以下のとおりである。

三浦典子「内藤莞爾の社会学　その1——社会調査への誘い——」
　『やまぐち地域社会研究』（山口地域社会学会）15号，2018年3月，1-16頁。
三浦典子「内藤莞爾の社会学　その2——村落調査から末子相続研究へ——」
　『やまぐち地域社会研究』（山口地域社会学会）16号，2019年3月，1-12頁。
三浦典子「内藤莞爾の社会学　その3——社会学的末子相続の研究——」
　『やまぐち地域社会研究』（山口地域社会学会）17号，2020年3月，1-14頁。
三浦典子「内藤莞爾の社会学　その4——総括：内藤社会学に通底する比較宗教社
　会論——」『やまぐち地域社会研究』（山口地域社会学会）18号，2021年3月，
　1-16頁。

　本書は，基本的には，初出論文をもとに，重複部分を省略し，加筆，修正し
たものであり，論文執筆順に，目次は構成されている。

　プロローグ，Ⅰ　内藤莞爾の社会学の原点と全体概要，Ⅱ　社会調査への誘
いは，「内藤莞爾の社会学　その1」がもとになっているが，Ⅰ　内藤莞爾の
社会学の原点と全体概要の章の，2．卒業論文「宗教と経済倫理——浄土真宗
と近江商人——」の部分は，大幅に書き加えて修正した。

　Ⅲ　村落調査から末子相続研究へ，Ⅳ　社会学的末子相続の研究は，それぞ
れ，「内藤莞爾の社会学　その2」，「内藤莞爾の社会学　その3」をもとに加
筆，修正した。

　Ⅴ　フランス社会学史への回帰，Ⅵ　総括：内藤社会学に通底する比較宗教
社会論，エピローグは，「内藤莞爾の社会学　その4」をもとに加筆，修正し
た。

あとがき

　「内藤莞爾の社会学」を論じるにあたって，内藤莞爾先生の著作や論文に可能な限り目を通したので，主な参考文献は内藤莞爾先生の著作であるが，それ以外に，本書執筆にあたり，直接的に参考にした文献は以下のとおりである。出版年順に示しておきたい。

- E. デュルケム，鈴木宗忠・飛澤謙一訳，『自殺論』寶文館，1932年。
- 田中清次郎（東亜研究叢書刊行会長）「東亜研究叢書の刊行に就いて」ソープ，伊藤隆吉・保柳睦美・上田信三・原田竹治訳『支那土壌地理学』（東亜研究叢書第4巻）岩波書店，1940年，2頁。
- 喜多野清一「発刊のあいさつ」『研究通信』（西部社会学会）第1号，1954年，1頁。
- 山本陽三「九州大学社会学研究室」『研究通信』（西部社会学会）第6号，1958年，19-20頁。
- 森岡清美『真宗教団と「家」制度』創文社，1962年。
- R. N. ベラー，堀一郎・池田昭訳，『日本近代化と宗教倫理——日本近世宗教論——』未來社，1966年。
- E. デュルケーム，宮島喬訳「自殺論——社会学的研究」尾高邦雄責任編集『世界の名著　47　デュルケーム・ジンメル』中央公論社，1968年。
- 三浦典子「アノミー理論の現代的課題——社会的・心理的アノミーの統合を求めて——」卒業論文，1969年。概要版，1969年4月『九州大学新聞』（九州大学新聞部）第592号。
- 山本登「農村SSMのころ」『有賀喜左衛門著作集　第11巻　家の歴史・その他』月報11，1971年，4-6頁。
- 児玉識『近世真宗の展開過程　西日本を中心として』吉川弘文館，1976年。
- 牧野巽「戦前の日本の中国家族研究——牧野巽氏に聞く（1974年2月6日）」『牧野巽著作集　第7巻，家族論・書評他』御茶の水書房，1985年，71-104頁。
- 沼義昭「内藤莞爾先生の古稀を祝い併せて謝辞を陳ぶ」『立正大学文学部論叢』85号，1987年，11-15頁。
- 牟田和恵「特集　家族社会学の回顧と展望——1970年代以降　家族制度・変動論の家族社会学における意味と意義——」『家族社会学研究』No. 10，1998年，111-138頁。

- 野間晴雄「P. グルーのみたベトナム農村空間と『米の力』——『トンキンデルタの農民』再検——」『関西大學文學論集』第52巻第3号，2003年，145-172頁。
- 児玉識『近世真宗と地域社会』法蔵館，2005年。
- 冨吉素子「福岡近郊における明治前期の家族とその変容」『別府大学紀要』第51号，2010年，73-82頁。
- 横山博一「德源院眞浄莞爾居士」追悼文集刊行発起人会『内藤莞爾先生の思い出——追悼文集——』城島印刷，2012年，176-179頁。
- 米村昭二「内藤莞爾先生」同上書，44-45頁。
- 水野淳・谷口宗文・石尾正「九大デュルケム会」同上書，57-61頁。
- 追悼文集刊行発起人会「著作目録」同上書，187-198頁。
- 中生勝美「民族研究所の構想と『民族研究講座』」『国際常民文化研究叢書』11，2015年，355-374頁。
- 窪田和美「九州大学名誉教授　故内藤莞爾先生講演録『近江商人と浄土真宗——比較社会学的試論——』をめぐって」『龍谷大学論集』485号，2015年，117-135頁。
- 三浦典子「Column 調査の達人　内藤莞爾——村落調査から末子相続研究へ——」『社会と調査』No. 22，2019年，120頁。
- 窪田和美『近江商人の生活態度——家訓・倫理・信仰』法蔵館，2020年。
- 「農村 SSM 福岡調査収集資料目録」『内藤莞爾資料』（九州大学文学部社会学研究室保管）。

　本書の刊行に当たって，初出論文「内藤莞爾の社会学　その1」以降，引き続き，山口地域社会学会事務局の大谷泰子さん（山口大学人文学部社会学研究室卒業生）に，原稿整理のお手伝いをいただいた。記して謝意を表したい。

　内藤先生が，草葉の陰で相撲を取る日を心待ちにしておられるかもしれないが，本書をどのようにお認めいただくか，お聞きしてみたいところである。

合掌

執 筆 者

小谷（三浦）典子

1969年	九州大学文学部社会学専攻卒業
	九州大学大学院文学研究科修士課程・博士課程修了
1992年	九州大学博士（文学）
	九州大学文学部助手を経て，1979年山口大学人文学部助教授
1992年	山口大学人文学部教授
2010年	山口大学名誉教授
2020年	中国電力株式会社取締役監査等委員（非常勤）

主な著書 『流動型社会の研究』恒星社厚生閣，1991年／『企業の社会貢献とコミュニティ』ミネルヴァ書房，2004年／『企業の社会貢献と現代アートのまちづくり』溪水社，2010年

主な編著 『リーディングス日本の社会学5　生活構造』東京大学出版会，1986年／『まちを設計する――実践と思想――』九州大学出版会，1997年／『台湾の都市高齢化と社会意識』溪水社，2010年／『日本と台湾におけるボランタリズムとボランティア活動』溪水社，2016年／『地域再生の社会学』学文社，2017年

内藤莞爾の社会学――九州大学文学部社会学研究室の窓から――

2021年12月20日　第1版第1刷発行

著 者　小谷（三浦）典子

発行者　田中　千津子

発行所　株式会社　学 文 社

〒153-0064　東京都目黒区下目黒3-6-1
電話　03（3715）1501 代
FAX　03（3715）2012
https://www.gakubunsha.com

印刷　東光整版印刷㈱

ISBN978-4-7620-3123-6